Johannes Quirin

Glücksorte in Porto

Fahr hin & werd glücklich

Dieses

Glücksbuch

ist für

Liebe Glücksuchende,

Porto, die Unbesiegbare, wie sie auch genannt wird, wartet darauf, erobert zu werden. Der Duft nach gegrilltem Fisch liegt in der Luft, der Atlantik mit seinen wilden Stränden direkt vor der Tür und an jeder Ecke wartet ein Weltkulturerbe darauf, entdeckt zu werden. Genau das spiegelt sich auch in den 80 Glücksorten in diesem Buch wider, die nicht nur für einen verlängerten Wochenendtrip, sondern auch für einen ausgedehnten Urlaub reichen. Eine Mixtur aus Kulinarik, Entspannung, Abenteuer und Kultur, die sowohl zu touristischen Highlights als auch zu weniger bekannten Orten führt.
Doch eines verbindet jeden dieser Orte miteinander: Man spürt die portugiesische Lebensart und die Geschichte dahinter. Ja, und vielleicht schleicht sich dann sogar noch ein Fünkchen der berühmten *saudade,* dieser unbeschreiblichen Melancholie und Sehnsucht, in das Erlebte ein und macht alles ganz unvergesslich. So unvergesslich, dass man bei einem Schluck Portwein oder einer gegrillten Sardine direkt in die Stadt am Douro zurückkehren möchte. Geben Sie diesem Gefühl einfach nach. *Bom viagem!*

Ihr Johannes Quirin

GLÜCK

Deine Glücksorte ...

1 **Die Brücke zum Glück**
Die Ponte Dom Luís I. über den Douro 8

2 **Kostenloser Weitblick**
Am Miradouro da Vitória 10

3 **Mehr als ein Bahnhof**
Die Estação São Bento 12

4 **Eine Tasse Zen**
Kleine Auszeit im Rota do Chá 14

5 **75 Meter Glückseligkeit**
Igreja und Torre dos Clérigos 16

6 **Magisches Autorenglück**
Die Buchhandlung Livraria Lello 18

7 **Flatterhaftes Städtchen**
Ausflug ins gemächliche Afurada 20

8 **Glück bringender Schlag**
Die Festas de São João in den Straßen Portos 22

9 **Romantische Ecken**
Das Altstadtviertel Ribeira 24

10 **Duftende Schaumschläger**
Ein Hauch Belle Époque bei Claus Porto 26

11 **Heimatgefühle**
Ein Bier im Biergarten Letraria zischen 28

12 **Nationaldenkmal**
Weitsicht genießen – das Kloster Serra do Pilar 30

13 **Ab in die Natur**
Radtour entlang des Douro 32

14 **Künstlerquartier**
Durch die Rua de Miguel Bombarda schlendern 34

15 **Erholsame Oase**
Abschalten in den Jardins do Palácio de Cristal 36

16 **Frischer geht's nicht!**
Der Fischmarkt im Mercado Municipal de Matosinhos 38

17 **Abhängen am Douro**
Ein Porto Tonic in der Bar Ponte Pênsil 40

18 **Kultur, Natur und Kunst**
Gegenwartskunst im Museum und Park Serralves 42

19 **Meisterwerk aus Fliesen**
Die Capela das Almas in der Einkaufsmeile 44

20 **Wildromantische Schwester**
Ausflug an den Atlantik nach Foz do Douro 46

21 **Entdeckerglück**
Portugiesische Geschichte in der Casa do Infante 48

22 **Schmuckes Pflaster**
Durch die Rua das Flores flanieren 50

23 **Schlichter Scheinriese**
Die Kathedrale Sé do Porto 52

24 **Liebesknochen**
In der Leitaria da Quinta do Paço naschen 54

25 **Bunte Musik**
Ein Konzert in der Casa da Música erleben 56

26 **Verführerischer Duft**
Sardinen essen in der Rua Heróis de França.......................58

27 **Über den Dingen schweben**
Mit der Seilbahn Teleférico de Gaia hoch hinaus 60

28 **Alles Käse**
Meeresblick vom Forte de São Francisco Xavier.......................62

29 **„The Fennel Countdown“**
Ein Konzert im Hard Club besuchen 64

30 **Glückskachel**
In der Banco de Materiais nach Azulejos stöbern....................66

31 **Im Goldfieber**
Die Igreja de São Francisco im Ribeira-Viertel 68

32 **Würzige Französin**
Im Café Santiago ein Francesinha essen 70

33 **Zauberhafte Borsten**
Altes Handwerk in der Escovaria del Belomonte.................72

34 **Holpriges Vergnügen**
Mit der historischen Straßenbahn Porto entdecken 74

35 **Shopping-Glück**
Bummeln auf der Rua Santa Catarina 76

36 **Foodliebhaber, aufgepasst!**
Auf dem Mercado do Bolhão 78

37 **French Coffee**
Kleine Pause im Café Majestic........80

38 **Perfekte Welle**
Surfen am Strand von Matosinhos....................................82

39 **Teilen macht glücklich**
Gemeinsam schlemmen in der Taberna do Largo 84

40 **360 Grad**
Die Aussicht vom Espaço Porto Cruz genießen........................86

... noch mehr Glück für dich

41 **Gefangen in Bildern**
Das Centro Português de Fotografia 88

42 **Fast vergessenes Grün**
Der Parque das Virtudes im Stadtteil Miragaia 90

43 **Kleines Stück vom Glück**
Am Quiosque Chalé Suisso eine Pause machen 92

44 **Schlechte Angewohnheiten**
Alternativkultur erleben im Maus Hábitos 94

45 **Müllschatz**
Kunstwerke in Vila Nova de Gaia 96

46 **Mit der Metro an den Strand**
Der Praia Brava in Vila do Conde 98

47 **Originelle Mitbringsel**
Unikate aus der Vintage-Markhalle Armazém 100

48 **Im Höhenrausch**
Abenteuerlicher Ausblick von der Ponte da Arrábida 102

49 **Seefahrerglück**
Ausflug zu Portos Leuchttürmen nach Foz do Douro 104

50 **Endstation Sehnsucht**
Die Endstation der Seilbahn am Jardim do Morro 106

51 **Am seidenen Faden**
Im Teatro de Marionetas die Puppen tanzen lassen 108

52 **Süße Verheißung**
Berliner in der Confeitaria Nandinha 110

53 **Grüne Lunge**
Der Parque da Cidade do Porto im Norden der Stadt 112

54 **Stairways to heaven**
Die Passeio das Fontainhas – ein Secret Place 114

55 **Spiritus Sanctus**
Ein Abend in der Weinbar im Viertel Cedofeita 116

56 **Natur hautnah**
Ab Espinho auf dem Dünenwanderweg unterwegs 118

57 **Glück in Dosen**
In der Sardinendosenfabrik Pinhais & Cia 120

58 **Urbaner Dachgarten**
Im Jardim das Oliveiras unter Olivenbäumen chillen 122

59 **Tia Emma**
Im A Pérola Do Bolhão stöbern 124

60 **Gezeitenpool**
Sicher in den Piscina das Marés schwimmen 126

61 **Unscheinbare Schönheit**
Der Palácio da Bolsa 128

62 **Flüssiger Glücklichmacher**
Im Niepoort-Portweinkeller in Vila Nova de Gaia 130

63 **Auf historischen Pfaden**
Spuren der Vergangenheit im Museu Romântico 132

64 **Bifana & Fino**
Klassisches Fastfood im Conga verspeisen 134

65 **Schräge Fahrt**
Gemütlich aufwärts mit der Standseilbahn Guindais 136

66 **Kaffeeleidenschaft**
Im C'alma Coffee eine Auszeit nehmen 138

67 **Fels in der Brandung**
Die Capela do Senhor da Pedra in Miramar 140

68 **Kreative Nachhaltigkeit**
Portugiesische Design-Produkte im CRU shoppen 142

69 **Getrocknete Glückseligkeit**
Im Restaurant Taberna d'Avó Stockfisch kosten 144

70 **Glaubensglück**
Devotionalien im Casa Coração de Jesus bestaunen 146

71 **Coole Kunst**
Street-Art rund um die Metrostation Trindade 148

72 **Cremige Leichtigkeit**
Im Café Miss Pavlova legendäre Torte naschen 150

73 **Das verborgene Haus**
Igreja dos Carmelitas und Igreja do Carmo 152

74 **Secreto Porto**
In der Casa São Roque die Zeit verschmelzen lassen 154

75 **Klangvoller Weltschmerz**
Fado-Abend in der Casa da Guitarra 156

76 **Seitenwechsel mit Panorama**
Vila Nova de Gaia auf der anderen Douro-Seite 158

77 **Hüftgold**
Frisch Gebackenes in der Confeitaria do Bolhão 160

78 **Verwunschenes Grün**
Der alte botanische Garten auf dem Uni-Gelände 162

79 **Magisches Licht**
Am Praia da Luz die Seele baumeln lassen 164

80 **Say „Cheeeese"!**
Die Queijaria Amaral – Portos ältester Käseladen 166

Die Brücke zum Glück

1 Die Ponte Dom Luís I. über den Douro

Beinahe wäre diese Brücke von keinem Geringeren als Gustave Eiffel erbaut worden. Doch die architektonische Diva stieg aus dem Projekt aus, weil es Unstimmigkeiten über das Design gab. Eiffel wollte sie minimalistisch mit nur einer einzigen Ebene bauen. Doch die zur damaligen Zeit prosperierende Stadt am Douro brauchte mehr, um eine weitere Verbindung zwischen Nord- und Südufer zu schaffen. So wurde die Ponte Dom Luís zum Glücksfall für einen ehemaligen Schüler und Geschäftspartner Eiffels. Théophile Seyrig, ein deutschstämmiger Bauingenieur, plante die Ponte Dom Luís doppelstöckig und damit entstand 1886 die damals größte schmiedeeiserne Bogenbrücke der Welt. Mit dieser architektonischen Meisterleistung entwickelte Seyrig die Bogenkonstruktion im Brückenbau derartig weiter, dass seine Konstruktionsweise beim Bau der Sydney Harbor Brigde, der größten Bogenbrücke der Welt, 30 Jahre später aufgegriffen wurde.

TIPP

Fun-Fact: Der Namensgeber der Brücke hat sie nie betreten.

Bei einer Länge von 385 Metern wiegt die Ponte Dom Luís, Namensgeber ist der damalige König Portugals, über 3000 Tonnen. Bis heute ist das UNESCO-Weltkulturerbe eine der wichtigsten Verkehrsadern. Während der Bahnverkehr in luftigen 60 Meter Höhe auf der zweiten Ebene zirkuliert, sind auf der unteren Ebene Autos, Busse, Motorräder und Fahrräder unterwegs. Fußgänger dürfen auf beiden Ebenen den Douro überqueren. Die Touristen unter ihnen genießen dabei vorwiegend den atemberaubenden Blick auf Porto. Bei Sonnenuntergang entsteht dabei ein besonderes Glückgefühl. Nur noch atemberaubender sind die waghalsigen Brückenspringer, die sich hauptsächlich im Sommer und manchmal unter lauten Rufen und frenetischem Applaus einiger Zuschauer vom unteren Teil der Brücke in den Douro, bei Ebbe sind es 25 Meter, stürzen. Trotz eines Verbotes, Schiffsverkehr und starker Strömung gehört dies für viele Einheimische zum Leben dazu. Manch einer verdient sich dabei ein kleines Taschengeld und erlebt sicher ein Gemisch aus Adrenalinkick, Glücksgefühl und Stolz.

- Ponte Dom Luís, 4000-018 Porto
- ÖPNV: Bus 403, Haltestelle Elevador Guindais, etwa 250 Meter zu Fuß

Kostenloser Weitblick

2 Am Miradouro da Vitória

Wo in Portugal „Miradouro“ draufsteht, da ist Aussicht drin. Denn übersetzt heißt das portugiesische Wort Aussichtspunkt. Aussichten gibt es in Porto eigentlich zur Genüge, jedoch offizielle Miradouros eher weniger. Der Miradouro da Vitória ist dabei unter ihnen der wohl bekannteste. Falls hier gleich die Frage aufkommt: Wieso, was kann man von dort aus denn Besonderes sehen?, stellt sich die Gegenfrage: Was nicht? Denn von hier aus hat man die großartige Möglichkeit, alle wichtigen Sehenswürdigkeiten Portos im Blick zu haben. Als Erstes wäre da der etwas andere Blick über die Dächer der Ribeira zu nennen. Natürlich sieht man auch die Ponte Dom Luís I. vom Miradouro aus, das Kloster Mosteiro da Serra do Pilar und die Portweinkellereien auf der anderen Douro-Seite. Die baulichen Riesen, wie Portos Kathedrale samt Bischofspalast oder der Palácio da Bolsa, ragen sowieso aus dem Flickenteppich der Terrakottadächer der Altstadt heraus.

Es ist also gewiss nicht schwer, hier ein schönes Panoramafoto von Porto zu schießen, schwerer wird es allerdings schon, den Aussichtspunkt überhaupt zu finden. Denn er versteckt sich auf einem ungepflegten Privatgelände inmitten heruntergekommener Gebäude. Einladend wirkt der leicht verrostete Eisenzaun samt Hinweisschild auf Privatbesitz vor der Aussichtsplattform nicht. Doch davon darf man sich nicht abschrecken lassen. Touristen sind hier offiziell willkommen! Über Treppen kann man von hier aus hinunter zum Mercado Ferreira Borges und zum Palácio da Bolsa, der alten Börse, spazieren. Auf dem Weg nach unten bieten sich von diesen Treppen gleichermaßen herrliche Aussichten und auch Fotomotive. Für die einen macht es den Miradouro da Vitória besonders attraktiv, weil er garantiert kostenlos ist, für die anderen ist es das besondere Ambiente, das hier in der Abenddämmerung herrscht. Sowohl die Ponte Dom Luís I. als auch die Portweinkellereien in Gaia werden atmosphärisch beleuchtet und zeigen sich in einem ganz anderen Licht für die Fotografen. Nur hier ist Porto auf Postkartenformat reduziert!

- Miradouro da Vitória, Rua de São Bento da Vitória, 11, 4050-265 Porto
- ÖPNV: Bus 200, 201, 207, 208, 301, Haltestelle Cordoaria, etwa 300 Meter zu Fuß

Mehr als ein Bahnhof

3

Die Estação São Bento

Wo heute U-Bahnen und Züge fahren, stand früher das Kloster Mosteiro de São Bento de Ave-Maria, das 1783 durch einen Brand teilweise zerstört, wieder aufgebaut und schlussendlich 1892, als der letzte Mönch verstarb, abgerissen wurde. So kam der regionale Bahnhof, in dem die Züge aus dem Douro- und dem Minho-Tal sowie Guimarães und Aveiro enden, auch zu seinem Namen. Bereits 1864 gab es erste Pläne zum Bau eines Hauptbahnhofes in der Innenstadt, um den weit vom Stadtzentrum entfernten Bahnhof Campanhã anzuschließen. Bereits 1890 wurden Tunnel gegraben, um eine Anbindung zu realisieren. 1896 erreichte der erste Zug die Innenstadt.

Der Bau des noch fehlenden Bahnhofsgebäudes wurde schließlich dem aus Porto stammenden Architekten José Marques da Silva 1899 anvertraut. Er plante den Bahnhof im Design der französischen Beaux-Arts-Architektur. Die Fertigstellung des Bahnhofgebäudes in der Form eines U verzögerte sich bis ins Jahr 1916, da die Stadtverwaltung mit seiner Arbeit nicht zufrieden war und ihn 1909 aus dem Projekt entfernte. Ganz so glücklos verlief es Gott sei Dank nicht für den Künstler Jorge Colaço, der für die Innengestaltung der Vorhalle gewonnen werden konnte. Elf Jahre lang arbeitete der bekannte Künstler an seinem Werk und schuf aus annähernd 20.000 Azulejos, den typischen blauen Fliesen, Szenen aus der Geschichte Nordportugals. Auf etwa 500 Quadratmetern kann man nun auf diesen Fliesenbildern unter anderem die Transportgeschichte des Landes bis zur Einweihung der Eisenbahn oder auch Szenen aus dem Landleben bestaunen. Auf weiteren Bildern bildete Colaço unter anderem die Eroberung Ceutas durch Infante Dom Henrique, die Heirat von König João I. mit Filipa und die Vorstellung Egas Moniz' vor dem König Afonso VII. von Kastilien und Léon ab. Erst dadurch wurde die Estação São Bento zu mehr als einem Bahnhof, nämlich zu einem wahren Kunstwerk. Angeblich soll auch schon manch einer seinen Zug verpasst haben, weil er glücklich staunend nach kleinen, versteckten Details auf den Fliesengemälden gesucht hat.

TIPP

Übrigens: Der Grundstein des Bahnhofes ist ein Stein des alten Klosters.

- Bahnhof São Bento, Almeida Garret, 4000-069 Porto
- ÖPNV: U-Bahn-Linie D (gelb), Haltestelle São Bento

MINHO
PARTIDAS / DEPARTURES
16:45 BRAGA 3
16:50 AVEIRO 2
16:55 OVAR 5
17:00 PENAFIEL 1
17:15 BRAGA 3
17:25 GUIMARÃES 4
17:30 MARCO CANAVESES 5
CHEGADAS / ARRIVALS
AVEIRO
BRAGA
PENAFIEL
GUIMARÃES
MARCO CANAVESES
AVEIRO
BRAGA
PENAFIEL

Eine Tasse Zen

4 Kleine Pause im Rota do Chá

Wer durch das Künstlerviertel, die Rua Miguel Bombarda mit ihren Galerien und Design-Läden, schlendert, kommt auch an einem von außen nicht gerade einladenden Haus vorbei. Trotz des metallenen Teekessel-Schildes am Eingang geht man eher vorbei als hinein. Doch sobald man die Tür öffnet und durch einen schmalen Korridor tritt, scheint es, als ob man in einem anderen, parallelen Universum gelandet wäre. Herzlich willkommen im Rota do Chá, im Paradies für Teetrinker und -liebhaber. Hier kann man im Teeladen alles kaufen, was man für das heimische Teeritual benötigt, oder man sucht sich ein freies Plätzchen, um vor Ort ein Tässchen Tee zu kosten. Die Auswahl, welchen Platz man wählen soll, wird einem nicht gerade leicht gemacht. Denn egal ob es der indisch eingerichtete Ganesha-Raum oder einer der anderen ganz individuell gestalteten Räume ist, es gibt im labyrinthartigen Teehaus immer wieder Neues zu entdecken. Und dann ist da noch der herrlich idyllische Garten, den man hier so gar nicht vermutet. Er ist ein wahrer Ruhepol im Großstadtdschungel und sorgt im Sommer für gefühlte Abkühlung.

Den rechten Platz gefunden? Prima! Dann fehlt nur noch der richtige Tee dazu. Auch hierbei kann der interessierte Teetrinker aus dem Vollen schöpfen und wird mit einer erstaunlichen Teeauswahl konfrontiert. Aus einer 35-seitigen Tee-Karte mit etwa 300 verschiedenen Mischungen kann das richtige Heißgetränk, zum Beispiel der sehr gute Masala-Tee mit Milch, gewählt werden. Das passende Stückchen Kuchen gibt es selbstverständlich bei Bedarf ebenfalls dazu. Das Rota do Chá ist ein besonderer Ort, der einen wie eine orientalische Oase mit warmen Farben, fantastisch duftenden Tees und einer magischen Atmosphäre verzaubert. Er bietet Entspannung pur mitten im Trubel Portos und ist wie eine meditative Auszeit für das perfekte Zen-Gefühl. Manchmal lässt sich davon selbst das Personal anstecken und manches dauert etwas länger. Aber, hey, was soll´s! Durchatmen, den Moment genießen, abwarten und Tee trinken.

● Rota do Chá, Rua de Miguel Bombarda, 457, 4150-382 Porto, Tel. +351 220 13 67 26
● ÖPNV: Bus 300, 301, 602, Haltestelle Miguel Bombarda

75 Meter Glückseligkeit

5

Igreja und Torre dos Clérigos

Ein Stück Toskana steht als unverwechselbares Wahrzeichen mitten in Porto. Der Torre dos Clérigos wurde vom in der Toskana geborenen Barockbaumeister Nicolau Nasoni im Stile der toskanischen Campaniles geplant und umgesetzt. Doch bevor der 75 Meter hohe Kirchturm stand, erbaute er zwischen 1732 und 1750 die dazugehörige Kirche Igreja dos Clérigos. Die epochale Außenfassade trägt klar Nasonis Handschrift. Sie bietet barocke Dekorationen, die einen genaueren Blick wert sind, bevor man die Kirche von innen besucht. Auch dort kommt man vor lauter Granit, Marmor und barocken Holzschnitzarbeiten nicht aus dem Staunen heraus.

An vielen weiteren Bauwerken in Porto hat Nasoni, der hauptsächlich hier arbeitete, seine Spuren hinterlassen. Mit dem Glockenturm aus Granit, erbaut 1754–1763, schuf er das markanteste Element des Gesamtensembles und gleichzeitig den auch heute noch höchsten Kirchturm Portugals. Genauso wie am Kirchengebäude finden sich entlang des Turms immer wieder leicht wirkende barocke Elemente. Zwei spanische Akrobaten nutzten im Jahre 1917 eventuell auch ein paar dieser Elemente, um an der Außenfassade den Turm zu besteigen. Eine große Menschenmenge hielt währenddessen sicher den Atem an, um nach der erfolgreichen Bezwingung des Torre dos Clérigos durch die „Zwei Puertullanos“ in frenetischen Applaus auszubrechen. Vater und Sohn lagen sich nach ihrem wagemutigen Husarenstück ganz bestimmt glückselig auf der Plattform des Turmes in den Armen. Alle anderen haben es deutlich einfacher und besteigen die sechs Stockwerke des Kirchturms über insgesamt 225 Stufen. Wer ein Online-Ticket bucht, kann, ohne in der Schlange stehen zu müssen, ganz gefahrlos die prächtige 360-Grad-Aussicht über Porto und den Douro genießen.

Für Nicolau Nasoni bedeutete „seine“ Igreja dos Clérigos samt Turm sogar so viel, dass er sich wünschte, hier beigesetzt zu werden. Seiner Bitte wurde entsprochen und er wurde in der Krypta bestattet. So sind Bauwerk und Baumeister glückselig über den Tod hinweg vereint.

TIPP

Täglich um 12 Uhr erklingt die barocke Orgel zu einem klassischen Mittagskonzert.

- Torre dos Clérigos, Rua de São Filipe de Nery, 4050-546 Porto
- ÖPNV: Bus 200, 201, 207, 208, 301, 303, 501, Haltestelle Cordoaria, etwa 200 Meter zu Fuß

Magisches Autorenglück

6

Die Buchhandlung Livraria Lello

Für diese Buchhandlung benötigt man ein Eintrittsticket, das man auch im Voraus online buchen kann. Ja, richtig gelesen. Der Ansturm auf die am 13. Januar 1906 eröffnete Buchhandlung ist derartig groß, dass es zuerst einmal heißt: Schlange stehen. Dies liegt nicht etwa nur am großen Angebot an klassischer portugiesischer Literatur und ganz sicher drängen die Massen auch nicht aufgrund der gut kuratierten politischen Abteilung in das vom Ingenieur Xavier Esteves geplante und errichtete Jugendstil-Gebäude mit seiner neogotischen Fassade. Genauso einen geringen Anteil daran hat der Bildhauer Romão Júnior, der die Büsten bedeutender portugiesischer Schriftsteller schuf, die im Innern des Gebäudes zu entdecken sind.

Ein klein wenig mehr dazu beigetragen hat sicherlich, dass die britische Zeitung „The Guardian" Lello im Jahr 2008 zur drittschönsten Buchhandlung der Welt kürte. Und dann wäre da noch das mittlerweile beliebteste Fotomotiv, die geschwungene Holztreppe. Diese ist nicht aus Holz, wie die meisten denken werden, sondern aus Stahlbeton und an den meisten Stellen nur mit bemaltem Gips als Holzimitat verziert. Sie trägt noch mehr Verantwortung für die Menschenmassen, jedoch nicht, weil sie so imposant wäre, sondern weil dieses Gesamtensemble angeblich keine Geringere als Joanne K. Rowling beim Schreiben ihrer Harry-Potter-Bände beeinflusste. Sie lebte Anfang der 1990er-Jahre für einige Zeit in der Stadt am Douro und soll sich häufig in der Livraria Lello aufgehalten haben. So sollen die Buchhandlung die Vorlage für den Secondhand-Buchladen in der Winkelgasse und die kunstvoll verzierte Wendeltreppe Inspiration für die schwebenden Treppen von Hogwarts gewesen sein. Joanne brachte dies das unerwartete Autorenglück. Als Besucher kann man jedenfalls auch trotz des ganzen Trubels ein wenig von der magischen Stimmung einsaugen und bestaunt das große, farbenfrohe Buntglasfenster des niederländischen Meisters Samuel van Krieken, das seit seiner Restaurierung wieder in vollem Glanz erstrahlt.

TIPP

Schon entdeckt? Im Buntglasfenster versteckt sich ein Smiley.

- Livraria Lello, Rua das Carmelitas, 144, 4050-161 Porto, www.livrarialello.pt
- ÖPNV: Straßenbahnlinie 18, Haltestelle Carmo

LELLO & IRMÃO
LIVRARIA CHARDRON

Flatterhaftes Städtchen

7 Ausflug ins gemächliche Afurada

Wenn man von Porto auf die andere Seite des Douro fährt und Vila Nova de Gaia hinter sich lässt, dann taucht man in eine ganz andere Welt ein. Nur wenige Kilometer von der pulsierenden Metropole Porto entfernt scheint die Zeit stehen geblieben. Am Douro entlanggefahren, vielleicht zuvor mit der Fähre von der Ribeira übergesetzt, stößt man automatisch auf das kleine Fischerörtchen São Pedro da Afurada. Der alte Ortskern von Afurada, wie es auch kurz genannt wird, hat viele kleine Gassen und das Leben spielt sich dort noch wie früher auf der Straße ab. Vor vielen der farbenfrohen Häuser, die oft mit den obligatorischen Keramikfliesen verziert sind, stehen Stühle, Tische und auch manchmal ein kleiner Holzkohlegrill.

Benannt wurde der Ort, wen wundert es, nach São Pedro, dem Schutzheiligen der Fischer. Diese kann man hier gut bei ihrer täglichen Arbeit beobachten, denn die Marina Douro, der örtliche Hafen, ist nicht weit. Sobald der Fisch ausgeladen wurde, feilschen bereits die Restaurantbesitzer mit den Fischern fleißig um den besten Preis. Der frische Fisch verschwindet danach in den Küchen der örtlichen Restaurants und wartet auf hungrige Gäste. Dementsprechend ist Afurada noch ein richtiger Geheimtipp für hervorragende Fischgerichte. Hierbei sticht besonders die Taberna São Pedro hervor, ein Restaurant mit traditionellen Gerichten und ursprünglichem Charme. Der Fisch wird draußen vor den Restaurants auf großen Grills gebraten und sein Duft zieht durch das ganze Dorf.

Dieser Duft könnte sich übrigens in Afurada mit einem anderen vermischen. Denn hier gibt es in Ufernähe ein Lavadouro Público, ein öffentliches Waschhaus. Dieses wird tatsächlich immer noch von Einheimischen genutzt, die hier auf traditionelle Weise ihre Wäsche waschen. Ganz so, als ob die Waschmaschine noch nicht erfunden wäre. Hinterher wird die Wäsche auf dem Platz vor dem Waschhaus aufgehängt, wo sie vor der Kulisse der im Hafen dümpelnden Boote munter im Wind flattert. Welches Waschmittel könnte ihr mehr Frische geben als die atlantische Brise, die vom nahen Ozean herüberweht?

- Lavadouro Público da Afurada, Rua da Praia, 147, 4400-354 Vila Nova de Gaia
- ÖPNV: Bus 902, 907, Haltestelle Chãs, etwa 900 Meter zu Fuß

Glück bringender Schlag

8

Die Festas de São João in den Straßen Portos

Man soll die Feste so feiern, wie sie fallen. Genau das machen die Portugiesen sehr gern und ausführlich mit den Gedenktagen ihrer lokalen Heiligen. Fast nirgendwo anders in Europa sind diese so omnipräsent wie in Portugal. So wird jedes Jahr in Porto am 24. Juni der städtische Schutzheilige São João ausgiebig gefeiert. Bereits über sechs Jahrhunderte wird dieses Fest begangen, das 1911 auch zum offiziellen Stadtfest und zu einem kommunalen Feiertag wurde. In der gesamten Stadt wird in der Nacht vom 23. auf den 24. Juni, in unseren Breitengraden als Johannisnacht bekannt, gefeiert. Menschen tanzen durch die geschmückten Straßen, an unterschiedlichen Orten der Stadt werden Rummel aufgebaut, die mit Fahrgeschäften, Süßigkeiten oder auch Los- und Spielbuden für Kurzweil sorgen. Außerdem wird überall an Ständen Basilikum verkauft. An diesem Tag verstecken sich in diesen Pflanzen kleine Nachrichten und Wünsche, ähnlich wie man es aus Glückskeksen kennt. Wer anschließend das Basilikum zu Hause aufstellt, dem soll angeblich Glück widerfahren. Ums Glück dreht es sich ebenfalls bei einem weiteren Brauch. Mit kleinen und auch größeren Plastikhämmern bewaffnet ziehen die Portuenser durch die Stadt, hauen sich bei einer Begegnung damit gegenseitig auf den Kopf und wünschen sich ein frohes „Festa de São João" samt Glück im kommenden Jahr. Keine Angst, der Schlag sorgt nicht für Kopfschmerzen wie eventuell die früher genutzten Knoblauchstränge. Also ruhig selbst zu einem Hammer greifen und glücksbringend versuchen, den ein oder anderen Kopf zu erwischen. Bei so viel Glück darf das Essen nicht zu kurz kommen. Überall in den Gassen riecht es verführerisch nach gegrillten Sardinen, die auf Holzkohlegrills brutzeln.

Wer das große Abschlussfeuerwerk, das auf der Ponte Dom Luís I. und von kleinen Booten aus auf dem Douro gezündet wird, gut sehen möchte, der sollte frühzeitig einen Ort mit guter Sicht auf beides aufsuchen. Am besten schlendert man dafür die Cais da Ribeira am Douro in Richtung Westen entlang.

TIPP

Am 24. Juni gibt es ein traditionelles Bootsrennen der Portwein-Bruderschaft auf dem Douro.

- Festas de São João in den Straßen Portos
- ÖPNV: Bus 403, Haltestelle Elevador Guindais

Romantische Ecken

9 Das Altstadtviertel Ribeira

Das Altstadtviertel Ribeira erstreckt sich vom Douro-Ufer (portugiesisch Ribeira) den Hügel hinauf bis zur Kathedrale von Porto, die am höchsten Punkt thront. Es ist noch gar nicht so lange her, da war die Ribeira, 1996 zum UNESCO-Weltkulturerbe ernannt, die Heimat der armen und einfachen Portuenser. Wer sich hier mit dem Falschen anlegte, bekam es gleich mit einem Dutzend Weiterer zu tun. Mittlerweile sind die Sitten nicht mehr so rau und die Einheimischen suchen ihr Glück mit den Touristen, die sich durch die Altstadtgässchen des terrassenförmig angelegten Viertels treiben lassen. Am besten durchstreift man das Ribeira-Viertel über Treppen von oben nach unten und entdeckt dabei schmiedeeiserne Balkone samt flatternder Wäsche, kleine Künstler-Ateliers oder Handwerker bei ihrer Arbeit in Hinterhof-Werkstätten. Wer sich lieber sportlich betätigen und dabei Glückshormone versprühen möchte, der unternimmt die Erkundungstour in umgekehrter Reihenfolge. Genügend Bars und kleine Restaurants für die Erfrischung und Stärkung zwischendurch sind auf alle Fälle vorhanden.
Dem touristischen Entdecker entgeht es bei seinen Streiftouren durch die schmalen Gassen nicht, dass der Zahn der Zeit trotz aller Renovierung an diesem Viertel genagt hat. Aber genau das macht auch den gewissen leicht morbiden Charme dieses Stadtteils aus, der von der anderen Fluss-Seite aus betrachtet malerisch am Fuße des Douro liegt. Dort am Cais da Ribeira geht es, sobald es dunkel wird, ganz romantisch zu. Wenn die Ribeira, die Ponte Dom Luís I. und die Kirchen weiter oben angestrahlt werden, sich der Schein der Lichter bis zum Douro ausbreitet, dann flanieren alle glücklich und beseelt am Kai entlang, dem zu dieser Uhrzeit beliebtesten Foto-Hotspot der Stadt, um bei dieser besonderen Stimmung den gefühlsbetontesten Schnappschuss des Urlaubs zu machen. Oder man erfreut sich einfach in einem der Restaurants, Cafés oder einer der Bars am atemberaubenden Sonnenuntergang.

- Altstadtviertel Ribeira, 4050-492 Porto
- ÖPNV: Bus 403, Haltestelle Elevador Guindais

Duftende Schaumschläger

10

Ein Hauch Belle Époque bei Claus Porto

Bereits vor etwa 4500 Jahren wurde der Vorgänger der Seife von den Sumerern im heutigen Irak angefertigt. Die Rezeptur und die Zusammensetzung entwickelten sich weiter und so entstand im 7. Jahrhundert schließlich die Seife, die wir heute kennen. Doch bis sie vom Luxusgut zum Massenprodukt werden sollte, dauerte es noch eine ganze Weile. Selbst als die beiden Deutschen Ferdinand Claus und Georges Schweder, zwei Chemiker, 1887 in Porto Portugals erste Seifenfabrik gründeten, war es immer noch eher ein Produkt für die betuchtere Gesellschaft. Dies änderte sich jedoch Stück für Stück und die duftenden Schaumschläger hielten Einzug in die Waschhäuser und Wohnungen der gesamten Gesellschaft. Vor allem wohlklingende ausländische Namen, die zur damaligen Zeit für Qualität standen, zierten die aufwendig gestalteten Verpackungen.

TIPP

Im obersten Stock befindet sich ein kleines Museum zur Firmenhistorie.

Nachdem Mitgründer Schweder 1903 krankheitsbedingt aus dem Unternehmen ausgeschieden war und Claus schließlich 1914 aufgrund des Ersten Weltkrieges Portugal verlassen hatte, wurde die Fabrik versteigert. Ein portugiesischer Partner des Unternehmens übernahm die Produktion 1918 und führt diese bis heute in vierter Generation fort. Jedes Produkt, jede Seife, jeder Duft wird bei Claus Porto auch weiterhin bis heute nach dem aufwendigen Herstellungsverfahren produziert und von Hand verpackt. Nicht umsonst gilt das Unternehmen als einer der weltbesten Seifenproduzenten. Verführerische Düfte und die außergewöhnlichen Verpackungsdesigns mit ihren Vintage-Grafiken versprühen den Charme der glanzvollen Dekadenz der Belle Époque, sobald man den Laden in der Rua das Flores betritt. Wie in den Anfängen von Claus Porto sind die Seifen im Vergleich zur Flüssigseife aus dem Supermarkt fast wieder ein Luxusgut. Doch man sollte sich ruhig mal einen Hauch von Luxus gönnen. Denn nichts umschmeichelt einen besser als ein lang anhaltender Duft, der einen an den letzten Urlaub erinnert.

- Claus Porto, Rua das Flores, 22, 4050-262 Porto, Tel. +351 914 29 03 59 www.clausporto.com
- ÖPNV: Bus 1M, 500, 910, Haltestelle Mouzinho Silveira, etwa 200 Meter zu Fuß

SOAP SABONETE
TOBACCO BLOSSOM
Almond Milk
Tuberose

Heimatgefühle

11 Ein Bier im Biergarten Letraria zischen

Fragt man zum Beispiel Amerikaner, was sie mit Deutschland verbinden, wird es nicht lange dauern und das Wort „Biergarten“ fällt. Land auf, Land ab gibt es sie gerade in den wärmeren Monaten und sie laden zu einer gemütlichen Pause samt kühlem Bier und leckerem Essen ein. Wer auf diese Art der Gastronomie selbst in Porto nicht verzichten möchte, wird auch hier fündig. Ja, es gibt einen Biergarten in Porto. Es ist zwar ein etwas anderer Biergarten und dazu auch noch ein sehr verborgener, aber es gibt ihn. Wenn man in der Rua da Alegria vor diesem Gebäude steht, kann man von außen nicht ahnen, dass sich hier neben einem klassischen Pub auch noch ein uriger Garten mit Orangenbäumen und einem Springbrunnen versteckt.

Dort kann man abseits des Treibens in die feuchten Träume aller Bierliebhaber eintauchen. Denn in Summe gibt es in der Letraria etwa 100 verschiedene Bierkreationen auf der Karte zu finden, wobei immer wieder wechselnd 20 von ihnen frisch gezapft aus den entsprechenden Hähnen fließen. Die Craftbiere, die größtenteils aus portugiesischen Brauereien stammen, werden im Gegensatz zu industriellem Bier meist mit einer kreativen Mischung unterschiedlicher Hopfensorten handwerklich gebraut. Hierbei werden alte oder ausländische Bierstile aufgenommen und neu interpretiert. Circa 20 dieser Sorten in der Letraria stammen von der portugiesischen Craftbier-Brauerei Letra, die den Pub samt geheimem Biergarten betreibt.

Falls die Entscheidung schwerfällt oder der Bierdurst groß ist, sollte man einfach eine Bier-Degustation wählen. Hier werden sechs verschiedene Biere in Kölsch-Größe kredenzt. Damit auch der Hunger gestillt wird, gibt es deftige portugiesische Gerichte, die gleich Lust aufs nächste Bierchen machen. Wenn da mal keine Heimatgefühle aufkommen!

● Letraria Porto, Rua da Alegria, 101, 4000-042 Porto
www.cervejaletra.pt/letraria-porto/
● ÖPNV: Bus 7M, 8M, 301, 305, 401, Haltestelle Largo do Padrão, etwa 200 Meter zu Fuß

LETRA
CERVEJA ARTESANAL MINHOTA

Nationaldenkmal

12

Weitsicht genießen – das Kloster Serra do Pilar

Hoch über Vila Nova de Gaia thront die ehemalige Klosteranlage Mosteiro da Serra do Pilar majestätisch auf dem Hügel und bietet traumhaft schöne Blicke auf den Douro, die Ponte Dom Luís I. und die Portweinkeller. „Schon wieder ein Aussichtspunkt, lohnt sich der Aufstieg überhaupt?", höre ich Zweifler bereits sagen. Ich antworte darauf: Aussicht ist Ansichtssache. Bei diesem besonderen Kloster lohnt es sich auf alle Fälle, denn man kann bequem mit der Seilbahn Teleférico de Gaia fast ganz nach oben schweben oder über die obere Etage der Ponte Dom Luís I. von Porto hinüberspazieren.

Zwischen 1537 und 1670 wurde die Anlage für die Mönche des Klosters Grijó erbaut. Gut Ding will eben Weile haben. Heraus kam eines der bedeutendsten Bauwerke der klerikalen klassischen europäischen Architektur. Für die Kirche, die mit einer halbkugelförmigen Kuppel samt umlaufendem Balkon ausgestattet ist und mit rechteckigem Chor sowie kreisförmigem Kreuzgang besticht, diente die Kirche Santa Maria Redonda in Rom als Vorbild. Grund genug, dass der Gebäudekomplex seit 1910 nicht nur portugiesisches Nationaldenkmal ist, sondern auch gemeinsam mit der historischen Altstadt von Porto 1996 zum UNESCO-Weltkulturerbe erklärt wurde.

TIPP

Der Aussichtspunkt Kittie Rock Point für den perfekten Sonnenuntergang ist gleich ums Eck.

Wer den spektakulären Ausblick genießen möchte, der muss sich einer geführten Tour anschließen. Nur so kommt man in den Genuss, zur Kuppel aufzusteigen. Nach etwa 100 Treppenstufen ist der Balkon erreicht, der um die Kuppel führt. Jetzt heißt es beglückt den traumhaften Rundumblick genießen. Nicht wegen des fantastischen Touri-Ausblicks, sondern wegen ihrer strategischen Lage wurde die Klosteranlage 1832 vom britischen Militär übernommen und zu einer improvisierten Festung umgebaut. So konnte gemeinsam mit der restlichen portugiesischen Armee die Eroberung durch die napoleonischen Truppen glücklich abgewendet werden. Für fremde Invasoren war Porto nie ein gutes Pflaster. Nicht umsonst trägt es den stolzen Titel der „Cidade Invicta", der unbesiegten Stadt, die nie erobert werden konnte.

● Serra do Pilar, Largo de Avis – Santa Marinha, 4430-329 Vila Nova de Gaia
● ÖPNV: U-Bahn-Linie D (gelb), Haltestelle Jardim do Morro

Ab in die Natur

13 Radtour entlang des Douro

Porto und Umgebung bieten für Radfahrer in Summe etwas mehr als 70 Kilometer Radwege. Diese führen meist ohne nennenswerte Steigungen sehr häufig an der Meeresküste sowie den Stränden oder am Douro-Ufer entlang. Somit sind neben Fahrtwind häufig auch eine frische Brise und garantiert wunderschöne Blicke auf Atlantik, Douro und Porto inklusive. Fahrräder oder E-Bikes samt Helm und Schloss gibt es in Porto mittlerweile an jeder Ecke zu mieten. Somit ist man bestens ausgerüstet für eine kleine Fahrradtour zum Beispiel am südlichen Ufer des Douro entlang.

Entweder überquert man Portos Fluss über die Ponte Dom Luís I. oder man setzt ein klein wenig romantischer mit der Fähre über. Dann heißt es erst einmal in die Pedale treten. Vorbei geht es am Hafen und den Fischern, die je nach Uhrzeit vielleicht gerade ihre Netze flicken oder mit ihrem Fang anlanden. Die Luft wird salziger und das Ziel, das Naturschutzgebiet Estuário do Douro, rückt immer näher. Das Reservat erstreckt sich über eine Fläche von etwa 66 Hektar, liegt am Ufer der Douro-Mündung und umfasst den Praia Cabedelo do Douro und die Bucht von São Paio, in der sich Salzwiesen befinden. Hier lässt sich vor allem eins sehr gut tun, nämlich Vögel beobachten. Mit etwas Glück kann man in diesem natürlichen Habitat mehr als 100 verschiedene Arten entdecken. Diese leben entweder hier dauerhaft oder machen Rast auf ihrer Durchreise, da das Gebiet auf der Ostatlantikroute des Zugkorridors liegt. Neben verschiedenen Möwenarten wie beispielsweise der kleinen Schwarzrückenmöwe, der Lachmöwe oder der Gelbbeinmöwe kann man auch mehrere Arten von Wattvögeln wie Flussuferläufer, Steinwälzer, Uferschnepfe, Regenpfeifer oder Sanderling beobachten. Für sie bietet das Reservat mit seinen Salzwiesen ein perfektes Ökosystem. Im Anschluss folgt dann die verdiente Abkühlung und man kann sich am langen Sandstrand Cabedelo do Douro in die Fluten stürzen. Also Badesachen nicht vergessen!

TIPP

Fernglas einpacken, damit man die Vögel auch wirklich gut beobachten kann!

- Reserva Natural Local do Estuário do Douro, Vila Nova de Gaia
www.parquebiologico.pt/reserva-natural-local-do-estuario-do-douro
- ÖPNV: mit der Fähre (Rua do Ouro, 155–200, regelmäßig zwischen 9 und 17 Uhr) über den Douro und dann kräftig in die Pedale treten

Künstlerquartier

14 Durch die Rua de Miguel Bombarda schlendern

Vor 1910 gab es die Rua de Miguel Bombarda in Porto noch überhaupt nicht. Damals wurde sie nach dem Prinzregenten, dem zukünftigen König, „Rua do Principe" getauft. Erst mit der Gründung der Republik erhielt die Straße ihren heutigen Namen. Namensgeber war in diesem Fall Miguel Bombarda, ein Arzt, der sich für die Republik eingesetzt und gekämpft hatte. Im Laufe der Zeit veränderte der Straßenzug mehrmals sein Gesicht und verwandelte sich schließlich Stück für Stück in das heutige Künstlerquartier.

Auf einer Gesamtlänge von circa 650 Metern erstreckt sich das Quartier von der Rua de Ceofeita bis zur Rua da Boa Nova. Auf diesem knappen Kilometer Straße konzentriert sich die portugiesische zeitgenössische Kunstszene hinter so manchem Galerie-Schaufenster. So ballen sich hier auf engstem Raum unterschiedliche Kunstgalerien oder Designerläden mit Mode und Möbeln. Wenn man durch die „Rua das Galerias" spaziert, wie sie mittlerweile umgangssprachlich genannt wird, kann man in der Presence Gallery beispielsweise die Werke von Jorge Santos betrachten, die eine Schnittmenge zwischen Natur und Architektur bilden. Interessiert man sich für den Künstlernachwuchs, sollte man in der Galerie Ap'arte vorbeischauen. Dort werden junge Talente Seite an Seite mit renommierten Künstlern ausgestellt, was sich zu einer inspirierenden und spannenden Melange vermischt.

Mehrmals pro Jahr organisieren die Kunstgalerien gleichzeitige Ausstellungseröffnungen sowohl von portugiesischen als auch ausländischen Künstlern. Dieses Event mit einer Vielzahl von weiteren Unterhaltungsangeboten zieht ein durchmischtes Publikum in seinen Bann und in die Rua Miguel Bombarda. Diese war früher eine fast vergessene Straße. Mit ihrem neuen künstlerischen Fokus, der das Straßenbild ab 2007 nach und nach veränderte, hat sie sich in ein junges, modernes und trendiges Viertel verwandelt, in das es sich einzutauchen lohnt. Wer weiß, vielleicht hat man danach ein neues Kunstwerk im Gepäck!?

- Künstlerquartier Bombarda, Rua de Miguel Bombarda, 4050-379 Porto
- ÖPNV: Bus 300, 602, Haltestelle Diogo Brandão

Erholsame Oase

15 Abschalten in den Jardins do Palácio de Cristal

Der namengebende ursprüngliche Kristallpalast aus dem 19. Jahrhundert wurde abgerissen und existiert nicht mehr. Dafür wurde 1956 an seiner Stelle die Veranstaltungshalle Pavilhao Rosa Mota in Form einer 30 Meter hohen Halbkugel errichtet, in der Konzert- und Sportevents stattfinden. Die Parkanlage drum herum, entworfen vom deutschen Landschaftsarchitekten Émile David, blieb bestehen und zählt immer noch zu den schönsten Grünanlagen der Stadt Porto. Sie ist thematisch in mehrere unterschiedliche Gärten wie den Garten der Gefühle oder einen Rosengarten gegliedert, die sich stetig hoch und runter fast bis zum Douro hinunterziehen. Logisch, dass es deshalb auch immer wieder wunderbare Panoramablicke auf den Fluss gibt.
Kein Wunder also, dass die weitläufige Parkanlage nicht nur von Touristen, sondern auch von Einheimischen gerne besucht wird. Sie ist eine wahre grüne, erholsame Oase inmitten der Metropole Porto und es lohnt sich auf alle Fälle, die einzelnen Gartenabschnitte bei einem Spaziergang zu entdecken. So kommt man an Seen und Teichen mit Seerosen entlang, auf denen ganz sicher der ein oder andere Schwan seine Runden zieht, spaziert am Rosengarten vorbei, in dem fast zu jeder Jahreszeit die Rosen blühen, trifft auf Beete mit medizinischen Kräutern und kann unter Bäumen ein schattiges Plätzchen finden. In der gesamten Parkanlage trifft man zudem immer auf eine der zahlreichen Bänke, die zum Verweilen einladen.
Gefühlvoll geht es im Jardim dos Sentimentos zu, dem Garten der Gefühle. In Form eines Labyrinths angelegt, bemerkt man dort die themenspezifische Bepflanzung. Es wurden Pflanzenarten gewählt, die mit Gefühlen wie Schmerz, Liebe und Eifersucht verbunden sind. Von hier hat man den wohl tollsten Ausblick auf den Douro in der gesamten Parkanlage. Mit ein bisschen Glück hört man nicht nur, sondern sieht auch einen der Pfauen. Vielleicht, um das Glück perfekt zu machen, schlägt dieser dann auch noch ein Rad genau in dem Moment, in dem man den Finger auf dem Auslöser hat.

- Jardins do Palácio de Cristal, Rua de Dom Manuel II, 4050-346 Porto
- ÖPNV: Bus 507, 601, Haltestelle Palácio

Frischer geht's nicht!

16 Der Fischmarkt im Mercado Municipal de Matosinhos

Eigentlich logisch, dass es in Porto mit direktem Atlantik-Anschluss frischen Fisch gibt. Wie in Mittelmeer- und Atlantik-Ländern üblich, werden dieser frische Fisch und so manche Meeresfrüchte in Markthallen verkauft. Eine solche ist in Portos Stadtteil Matosinhos zu finden. Wer Fisch mag, wird den Mercado de Matosinhos lieben. Die Markthalle wurde vor ein paar Jahren komplett renoviert und erstrahlt seitdem in einem fast klinischen weißen Glanz. Auf zwei Stockwerken wird alles angeboten, was das Schlemmerherz begehrt. Oben bieten die Obst- und Gemüsestände frischeste Waren an, Metzger, Blumen- und Gewürzhändler sind vertreten, Hähne krähen, die als Lebendgeflügel verkauft werden, und ein kleines Bistro lädt zu einer Verschnaufpause ein, bei der man das wuselige Markttreiben sehr gut beobachten kann.
Der traumhafte Fischmarkt mit seinen Ständen und seiner großen Auswahl wartet im Erdgeschoss darauf, erkundet zu werden. Die Portugiesen sind stolz auf ihre reiche Auswahl an Fisch. Von der kleineren Thunfisch-Art Bonito über die Zweibindenbrasse *(safia)* bis hin zur Geißbrasse *(sargo)* ist für jeden Geschmack etwas dabei. Natürlich darf auch die beliebte Sardine *(sardinha)* nicht fehlen, die hier bekanntlich eine Hauptrolle spielt. Die Sardelle *(anchova),* die Seezunge *(linguado)* und der Steinbutt *(pregado),* welcher zu den Plattfischen gehört, sowie der Wolfsbarsch *(robalo)* runden das leckere Angebot ab. Das Großartige daran: Man kann sich einen Fisch aussuchen und ihn direkt in einem der angeschlossenen Restaurants nach traditionellen Rezepten zubereiten lassen. Ganz besonders zu empfehlen ist das Restaurant Sushi no Mercado. Es ist bekannt für frisches und köstliches Sushi. Hier bekommt man preiswerte Mittagsgerichte schon ab sieben Euro. Der Fisch ist natürlich besonders frisch und hochwertig, was man in Deutschland so nur selten findet. Ein wahrlich fantastisches Geschmackserlebnis in einer einmaligen Atmosphäre.

● Mercado Municipal de Matosinhos, Rua França Júnior, 4450-718 Matosinhos
● ÖPNV: U-Bahn-Linie A (blau), Haltestelle Mercado

TODOS AO MERCADO – O MERCADO COM TODOS!

Abhängen am Douro

17

Ein Porto Tonic in der Bar Ponte Pênsil

Portwein und Brücken, das sind zwei Dinge, die man direkt mit Porto in Verbindung bringt. An diesem Ort verbinden sie sich in einer besonderen Art und Weise und sorgen für ein traumhaftes Erlebnis. Kommen wir als Erstes zur Brücke: Bevor 1887 die bekannte Ponte Dom Luíz I. erbaut wurde, überspannte mit etwa 170 Meter Länge in 10 Metern Höhe die Ponte Pênsil, eine Hängebrücke, den Douro. 1843, nur zwei Jahre nach Baubeginn, wurde die Brücke eröffnet. Zwei 18 Meter hohe Obelisken aus Natursteinquadern bildeten am jeweiligen Flussufer den Eingang zur Brücke. An ihnen waren auch die Tragseile, die hinter den Obelisken im Boden verankert waren, befestigt und gespannt. Die 6 Meter breite Fahrbahn bestand aus geteertem Tannenholz und ein eisernes Geländer diente zur zusätzlichen Stabilisierung. Die Brücke konnte mehr als 100 Tonnen tragen und war hochwassersicher.

Heute erinnern nur noch die Obelisken und das Wärterhäuschen, an dem fleißig Brückenmaut kassiert wurde, an eine wichtige Verkehrsader Portos. Umso schöner, dass man an diesem historischen Ort jetzt wieder Geld lassen kann. 2012 wurde hier die Bar Ponte Pênsil eingerichtet und man kann nun unterhalb der neuen Brücke auf den Resten der alten Hängebrücke so richtig gemütlich am Douro abhängen. Also Zeit, zum zweiten Teil zu kommen: dem Portwein. Selbstverständlich kann man in diesem Ambiente zu einem klassischen Gläschen Port greifen und dieses genießen. Doch viel moderner und auch gleich ein Stück erfrischender ist ein Longdrink auf Basis des beliebten Süßweins. Wann genau der Porto Tonic, eine Mischung aus weißem Portwein, Tonicwater, Eis und einer Scheibe Limette, entstand, lässt sich nicht mehr klären. Er war jedenfalls plötzlich in den Longdrinkgläsern zu finden und erfreut sich auch außerhalb Portos und Portugals immer größer werdender Beliebtheit. Wenn nicht hier, wo dann lassen sich Vergangenheit und Gegenwart in zwei Eckpfeilern Portos so fantastisch verbinden und genießen? Sobald die Sonne über dem Douro untergeht, wird es Zeit für das nächste Glas!

- Bar Ponte Pênsil, Rua de Cima do Muro, 14, 4000-173 Porto
www.barpontepensil.com
- ÖPNV: Bus 403, Haltestelle Elevador Guindais

Kultur, Natur und Kunst

18 Gegenwartskunst im Museum und Park Serralves

Die Villa Casa de Serralves wurde zwischen 1925 und 1944 im Auftrag vom zweiten Grafen von Vizela, Carlos Alberto Cabral, erbaut. Verantwortlich für das Gebäude, das Elemente des neoklassizistischen, romantischen und Art-déco-Baustils kombiniert, zeichnen die Architekten José Marques da Silva und Charles Siclis. Die etwa 18 Hektar große, das Anwesen umgebene Gartenanlage entwarf 1932 der französische Landschaftsarchitekt Jacques Gréber. Sie gilt auch heute noch als Beispiel für die künstlerische Gartengestaltung im Portugal der ersten Hälfte des 20. Jahrhunderts. Eigentlich schon selbstverständlich, dass die Villa ebenfalls als Paradebeispiel dient, in diesem Fall für die Stromlinien-Moderne-Architektur Portugals. Als private Residenz und Familiensitz der Grafenfamilie konzipiert, wurden Park und Villa leider nur wenige Jahre bewohnt und anschließend an ein anderes Grafengeschlecht veräußert. Schlussendlich erwarb der portugiesische Staat aus der Erbmasse des letzten Besitzers 1987 das Anwesen samt Park, gründete die Fundação de Serralves mit dem Plan, auf dem Grundstück ein zeitgenössisches Museum zu errichten, und übertrug alles in das Eigentum der Stiftung.

Ab diesem Zeitpunkt fanden in der Casa de Serralves temporäre Ausstellung moderner und zeitgenössischer Kunst statt. 1996 begann man mit dem Bau eines lange schon geplanten neuen Museumsgebäudes auf dem Parkgelände. 1999 wurde das Haus durch den an der Universität tätigen Architekten Álvaro Siza Viera mit einer Ausstellung eingeweiht. Das Besondere am Museum Serralves ist, dass es keine Dauerausstellungen gibt, sondern die gesamten Ausstellungsflächen, auch im Park, allein mit Sonderausstellungen bespielt werden. Als ob das nicht bereits ausreichen würde, um das wichtigste Museum für Gegenwartskunst in Portugal zu sein, bezieht das Museumskonzept neben Kunstwerken und -objekten auch Musik, Film, Performance und Tanz mit ein. So wird ein Besuch im Serralves ein ganz nachdrückliches Erlebnis aus einer Mixtur zwischen Kultur, Natur und Kunst.

- Museu de Arte Contemporânea de Serralves & Parque de Serralves, Rua de Serralves, 97, 4150-708 Porto, Tel. +351 80 82 005 43, www.serralves.pt
- ÖPNV: Bus 203, Haltestelle Serralves

Meisterwerk aus Fliesen

19

Die Capela das Almas in der Einkaufsmeile

So klein und doch nicht unscheinbar. Das gilt für die Capela das Almas mitten in der Einkaufsmeile Portos. Wenn man die Rua de Santa Catarina entlangflaniert, fällt einem gewiss diese Kapelle, 1781 erbaut, direkt ins Auge. Sie wird immer als eine der schönsten Portugals bezeichnet, was ganz klar an ihrer Fassade liegt. 15.947 blaue Wandfliesen, die Azulejos, schmücken das komplette Gebäude von außen. Wer Zeit und Lust hat, kann gerne nachzählen. Dargestellt werden im Fliesengemälde, das erst 1929 von Eduardo Leite im Stil des 18. Jahrhunderts gestaltet wurde und somit viel später hinzukam, unterschiedliche Szenen aus dem Leben des heiligen Franz von Assisi und das Martyrium der heiligen Katharina. Ein künstlerisches Meisterwerk, das emotionale Geschichten erzählt. Wer die Blicke schweifen lässt, kann ganz sicher immer wieder neue Facetten entdecken.

Einen Blick ins Kircheninnere sollte man ebenfalls wagen, denn auch hier lassen sich, trotz der einfachen Architektur, neben Heiligenfiguren und großen Altären zahlreiche der blauen Kacheln entdecken. Irgendwo versteckt sich hier übrigens das Bild der heiligen Nossa Senhora das Almas, der Mutter der Seelen, der diese Kirche geweiht ist.

Doch das eigentlich Besondere an dieser Kapelle ist die einzigartige Atmosphäre. Sobald sich die Tür schließt, lässt man den Lärm der Autos, Fußgänger und das Treiben auf der Einkaufsmeile hinter sich. In den Bänken knien oder sitzen einige ältere portugiesische Damen, die immer wieder tagsüber zum Beten hierherkommen. Es legt sich meditative Ruhe über das eigene Innere und das der Kirche. Platz nehmen, die Kühle und angenehme Stille genießen und für einen Moment innehalten. Wenn man nach solch einer Mini-Auszeit wieder ins Gewusel des Lebens tritt, nimmt man seine Umwelt sicher anders wahr.

- Capela das Almas, Rua de Santa Catarina, 428, 4000-068 Porto
- ÖPNV: U-Bahn-Linie A (blau), B (rot), Haltestelle Bolhao

Wildromantische Schwester

20 Ausflug an den Atlantik nach Foz do Douro

Genug vom Pflastertreten in Portos Altstadt? Einfach mit dem Doppeldeckerbus 500 in Richtung Matosinhos fahren, währenddessen bereits den Fahrtwind auf dem offenen Deck genießen und dann in Foz do Douro aussteigen. Schwupp, ist man in wenigen Minuten aus Porto heraus direkt am Atlantik. Was heute eine Kleinstadt mit Villenvierteln ist, war früher ein Fischerdörfchen. Erbaut, wie der Name im Deutschen bereits sagt, an der Mündung des Douro in den Atlantik. Verstärkt wurde das im 16. Jahrhundert gegründete Dorf mit einer entsprechenden Festung. Das Castelo de Sao João de Foz wurde im 17. Jahrhundert als Schutz gegen Piratenangriffe errichtet. Heute schützen dort nur noch Wellenbrecher gegen Überflutungen.

Man kann hier wunderbar zu einem langen, gemütlichen Strandspaziergang aufbrechen und durch Sand oder über Holzbohlenwege die kleinen miteinander verbundenen Strandbuchten entdecken. Auf halber Strecke trifft man auf das Wahrzeichen von Foz, wie die kleine Schwester Portos auch kurz genannt wird, die Pérgola da Foz. Angeblich war die Ehefrau des damaligen Bürgermeisters von der Promenade des Anglais in Nizza so begeistert, dass sie ihren Ehemann davon überzeugte, dass Foz do Douro so etwas auch dringend bräuchte. Egal ob diese Geschichte stimmt, Fakt ist, dass die Strandpromenade heute ein beliebtes Fotomotiv ist. Sie lädt zu wunderschönen, romantischen Spaziergängen ein, wobei jede Tageszeit ihren individuellen Reiz hat. Sei es am Morgen, wenn alles noch im Schlaf liegt und je nach Jahreszeit der Nebel über die Pérgola steigt, oder am Abend, wenn von hier aus als romantisches Highlight zu beobachten ist, wie die Sonne im Atlantischen Ozean versinkt. Außer an heißen Sommertagen findet man immer ein ruhiges Plätzchen, an dem man sich entspannen und die mächtigen Atlantikwellen beobachten kann. Wer etwas Schatten haben möchte, findet davon genügend im Garten Jardim do Passeio Alegre mit einem Teich und einer Café-Bar. Egal wie und wo, in Foz do Douro kann man auf alle Fälle ein völlig entspanntes Küstenflair genießen.

TIPP
Sonntags findet im Jardim do Passeio Alegre ein Kunsthandwerkermarkt statt.

- Pérgola do Foz, Avenida do Brasil, 694, 4150-378 Porto
- ÖPNV: ab São Bento oder Ribeira Bus 500, Haltestelle Crasto

Entdeckerglück

21 Portugiesische Geschichte in der Casa do Infante

Die Casa do Infante ist eines der ältesten Häuser Portos. Durch königlichen Erlass König Afonsos IV. wurde sie 1325 als Zollhaus auf einer römischen Villa errichtet, worauf Mosaikböden und andere Funde archäologischer Ausgrabungen in den 1990er-Jahren hinweisen. Ziel des Baus war es, Zölle auf die über den Douro eingeführten Waren zu erheben, was unter anderem auch zu Streitigkeiten mit dem Bischof von Porto führte. Dieser fühlte sich in seiner Macht und Vorherrschaft deutlich beschnitten.

Später diente das Gebäude unter anderem auch als Münzstätte und als Residenz für offizielle Besuche des Königshauses in der Stadt. Bei einer dieser offiziellen Visiten, so hielt der Chronist Fernão Lopes fest, soll in diesem Gebäude der Infante Dom Henrique, Heinrich der Seefahrer, als der vierte Sohn des zehnten portugiesischen Königs Dom João und seiner Frau Filipa de Lencastre 1394 das Licht der Welt erblickt haben. Dies würde auch den Namen „Casa do Infante“ erklären. Heinrich wuchs heran und wurde zum gewichtigsten Förderer und Geldgeber – sein Beiname legt es nahe – der Seefahrt. Unter ihm wurden die wichtigsten Entdeckungsreisen entlang der westafrikanischen Küste initiiert, die Portugals Vormachtstellung als See- und Kolonialmacht stetig festigten.

1924 wurde das historische Gebäude zum Nationaldenkmal erhoben und ist heute ein Museum. Neben Informationen und einer Dokumentation der Baugeschichte des Hauses aus dem ortstypischen Granit und seiner römischen Vorbebauungen samt antiker Relikte stehen dank Dom Henrique die Entdeckungsfahrten und die Kolonialisierungsgeschichte im Mittelpunkt des Museums. Mit viel Können, Geschick und Glück erreichten die unerschrockenen Entdecker ihre scheinbar unerreichbaren Ziele. Ruhm, Ehre und bescheidener Reichtum waren ihnen dabei sicher gewiss. Doch das glückliche Gefühl, nach solch einem Abenteuer wieder heimzukehren und seiner Liebsten in die Arme fallen zu können, war sicher unbezahlbar.

- Casa do Infante, Rua da Alfândega, 10, 4050-029 Porto, Tel. +351 222 06 04 00
- ÖPNV: Bus 403, Haltestelle Ribeira, 3, etwa 100 Meter zu Fuß

Schmuckes Pflaster

22 Durch die Rua das Flores flanieren

Weit und breit sieht man keine einzige Blume in dieser Straße Portos, die von Restaurants, traditionellen Geschäften und historischen Gebäuden gesäumt ist. Vereinzelt hängen hier und da ein paar Plastikblumen an den Häusern, aber das war es dann auch schon. Doch woher kommt denn dann der Name? Tatsächlich gehörte das Land, auf dem die Straße im Jahr 1521 angelegt wurde, dem damaligen Bischof von Porto, Pedro Alvarez da Costa, und war ein üppiger Garten mit Blumen-, Gemüsebeeten sowie Obstbäumen. Zudem war dieser Ort der heiligen Katharina vom Berg Sinai gewidmet. Aus dieser Kombination entstand der ursprüngliche Straßenname „Rua de Santa Catarina das Flores", von dem heute nur noch das Rua das Flores übrig geblieben ist.

Mit dem Bau der Straße wurde das Ansiedlungsverbot für Adlige in Porto aufgehoben. Bis zu diesem Zeitpunkt hatten es Adlige in Porto schwer: Sie durften per Gesetz nur drei Tage in der Stadt bleiben und keinerlei Paläste bauen. Porto war eben schon immer eine Stadt der Bürger, Händler und Geistlichen. Mit dieser Aufhebung setzte sofort der adlige Bauboom in der neuen Straße ein und zahlreiche Prunkbauten entstanden, die man heute noch mit ihren wappenverzierten, feinen schmiedeeisernen Balkonen erahnen kann. Natürlich kam das wohlhabende Bürgertum genauso in den Genuss, hier Wurzeln schlagen zu dürfen, was sich ebenfalls in der bürgerlichen Architektur einiger Häuser niederschlug. Wo so viel Kaufkraft auf einem Platz vertreten war, waren die Händler, Handwerker und Kaufleute nicht weit und ließen sich ebenfalls hier nieder. Traditionell galt diese Straße als die Straße der Gold- und Silberschmiede sowie der Juweliere. Diese machten Porto und die Rua das Flores für ihre filigranen Schmuckstücke berühmt. Wahrlich ein goldenes Pflaster, auf dem man auch heute noch in einigen wenigen solcher Läden ein kleines Vermögen lassen kann, um im Gegenzug jemanden ganz besonders glücklich zu machen.

- Rua das Flores, 4050-262 Porto
- ÖPNV: U-Bahn-Linie D (gelb), Haltestelle São Bento

LAST
FOLIO

Schlichter Scheinriese

23

Die Kathedrale Sé do Porto

Hoch über dem Altstadtviertel Ribeira wacht die Kathedrale Sé do Porto, die seit 1996 zum UNESCO-Weltkulturerbe zählt. Die im 12. Jahrhundert erbaute Kathedrale hat eine beeindruckende Größe, die sie unübersehbar macht. Mit ihren beiden hohen Türmen samt Turmspitzen und der teilweise noch vorhandenen Festungsmauer hinterlässt der Bischofssitz des Bistums Porto auf den ersten Blick von Weitem den Eindruck einer Burganlage. Wenn man jedoch direkt davorsteht, dann zeigt der steinerne Scheinriese eine ganz andere Seite von sich. Ein Blick auf die romanische Fassade, die aus der ersten Bauphase im 13. Jahrhundert stammt, offenbart bereits die schlichte Eleganz des Gotteshauses. Der Epochen-Kenner erfasst es bei einer Besichtigung jedoch direkt: Die Kathedrale wurde im Laufe der Jahrhunderte mehrfach umgestaltet und drei verschiedene Epochen-Stile lassen sich dort nachweisen: Neben dem gotischen Kreuzgang aus dem 14. Jahrhundert hat die Sé do Porto ihre romanische Architektur aus dem 12. Jahrhundert im Großen und Ganzen bewahrt. Nur noch einige wenige barocke Elemente aus dem 17. und 18. Jahrhundert sind zu erkennen. Sobald man durch den Haupteingang samt seinen einzigartigen Buntglasfenstern tritt, erblickt man im Innern eine Vielzahl von religiösen Kunstgegenständen. Neben handgefertigten Heiligenfiguren oder antiken Schriften fällt ganz besonders das Bild über dem Hauptaltar ins Auge, das mit viel Liebe zum Detail gestaltet wurde.

TIPP
Über die Treppenanlagen Escadas do Codeçal in der Nähe durch die Ribeira nach unten schlendern.

Der Höhepunkt der Besichtigung, im wahrsten Sinne des Wortes, ist der Aufstieg auf den Turm der Kathedrale. Dieser wird mit einem beeindruckenden Blick über die Ribeira gekrönt. Vielleicht kann man von dort oben auch ein paar Pilger entdecken, die von der Kathedrale aus auf dem Jakobsweg von Porto nach Santiago de Compostela starten. Vorwiegend geht es auf dem Camino etwa 250 Kilometer an der Küste entlang bis zum Zielort in Spanien. Euphorie und Glücksgefühl wechseln sich dabei mit Respekt und Angst ab. Ein klein wenig dieses Emotionen-Cocktails ist an diesem Ort auf alle Fälle spürbar.

- Sé do Porto, Terreiro da Sé, 4050-573 Porto
www.diocese-porto.pt/pt/catedral-do-porto/
- ÖPNV: U-Bahn-Linie D (gelb), Haltestelle São Bento, etwa 200 Meter zu Fuß

Liebesknochen

24 In der Leitaria da Quinta do Paço naschen

Wofür die Leitaria da Quinta do Paço heute berühmt-berüchtigt ist, die besten Eclairs der Stadt, gab es bei der Gründung im Jahr 1920 noch nicht. Das ursprüngliche Produkt steckt bereits im Firmennamen drin: Milch. Die Leitaria war das erste Unternehmen, das pasteurisierte Milch in Glasflaschen produzierte und im Norden Portugals vertrieb. Später kamen weitere Milchprodukte wie Butter, Käse und Joghurt hinzu. 1950 eröffnete das Unternehmen schließlich das erste Ladengeschäft an der Praça Guilherme Gomes Fernandes und verkaufte dort dann auch zusätzlich in gewachsten Papiertüten portionsweise Schlagsahne. Für das weiße Glück standen die Leute gerne Schlange.

Hätte der Firmengründer, Alexandre Furtado Mendoca, in den 1960er-Jahren auf einer Geschäftsreise in der Schweiz nicht interessiert ein Eclair entdeckt und samt vermutlich kurzem Glücksmoment probiert, dann wäre diese kleine französische Köstlichkeit aus Brandteig sicher nie in Porto gelandet. Doch so beschloss der findige Geschäftsmann, das Rezept in Portugal zu reproduzieren, und die Erfolgsgeschichte nahm ihren Lauf. Noch heute ist der größte Bestseller der Leitaria da Quinta do Paço das Eclair, das den meisten der Kunden ein Lächeln auf die sahnigen Lippen zaubert. Die Geschmacksvielfalt reicht von dunkler Schokolade, Zitrone, roten Früchten, Karamell bis zu Vollmilch oder weißer Schokolade. Zusätzlich kann man noch mit oder ohne Schlagsahne wählen und die Größe bestimmen. Es gibt sie im Normal- oder im Miniformat und egal, was man wählt, man sollte diese himmlisch weichen Stücke mit dem liebsten Menschen teilen. Nicht umsonst heißen sie in Deutschland auch Liebesknochen, denn wer sie gemeinsam vernascht, könnte unter Umständen vom (Liebes-)Blitz getroffen werden. Denn genau das und nichts anderes bedeutet das französische Wort Eclair.

TIPP

Am besten zwei unterschiedliche Sorten bestellen, teilen und doppelt genießen!

● Leitaria da Quinta do Paço, Praça Guilherme Gomes Fernandes, 47–51, 4100-293 Porto, www.leitariadaquintadopaco.com

● ÖPNV: Bus 300, 305, 703, Haltestelle Guilherme Gomes Fernandes, etwa 100 Meter zu Fuß

LQP
LEITARIA DA QUINTA DO PAÇO 1920

Bunte Musik

25 Ein Konzert in der Casa da Música erleben

Auf halbem Weg zwischen historischer Altstadt und Foz do Douro fällt einem direkt ein auffälliges polygonales Gebäude ins Auge. Die Rede ist von der Casa da Música, dem Konzerthaus Portos. Der außergewöhnliche Baustil mit seinem Materialmix aus Beton, Aluminium sowie Glas lässt das Konzerthaus wie einen Kristall erscheinen. Verantwortlich für dieses architektonische Meisterwerk ist der Niederländer Rem Koolhaas. Der Architekt und Stadtplaner erhielt den Auftrag mit der Prämisse, das Gebäude bis zum Jahr 2001 fertigzustellen. Der Grund dafür: Porto war im selben Jahr europäische Kulturhauptstadt. 1999 wurde mit dem Bau begonnen, doch die Eröffnung erfolgte erst im April 2005. Alles braucht eben doch seine Zeit. Doch die Geduld wurde belohnt und Porto ist nun um eine herausragende Kulturstätte reicher, die dank ihrer ausgefallenen Struktur für nahezu alle Arten von musikalischen Aufführungen nutzbar ist.

Angeblich hat das „Haus der Musik" die weltweit drittbeste Akustik. Das lässt sich am besten bei einem Konzert oder im Rahmen einer Führung persönlich überprüfen. Einen besonderen Höhepunkt stellt zweifellos der große Konzertsaal mit einer Kapazität für 1300 Personen dar. Seine Holztäfelung wurde mit einer kostspieligen Blattgoldverzierung versehen. Des Weiteren gibt es noch das kleine Auditorium mit 350 Sitzplätzen. Außerdem kann man im hochmodernen Konzerthaus auch ein paar bunte Säle und Ecken entdecken. So sind beispielsweise die Foyers teilweise mit den in Porto allgegenwärtigen Azulejos gekachelt, der kleine Aufführungssaal komplett in Rot, der „Sala Laranja" in Orange sowie der „Sala Roxa" in Lila gehalten. Die Farben sind bewusst gewählt, da sie eine entsprechende Wirkung haben. So soll das Orange die Kreativität und Energie verstärken oder das Lila die Kinder beruhigen, die dort während der Konzerte betreut werden. Wer etwas Glück hat und an einem Samstag ab 11 Uhr im Casa da Música vorbeischaut, der kann sogar die ein oder andere kostenlose Konzertprobe miterleben. Frühaufstehen wird eben doch belohnt!

- Casa da Música, Avenida da Boavista, 604–610, 4149-071 Porto, Tel. +351 220 12 02 20 www.casadamusica.com
- ÖPNV: U-Bahn-Linie A (blau), B (rot), Haltestelle Casa da Música

Verführerischer Duft

26 Sardinen essen in der Rua Heróis de França

Kann man sich Deutschland ohne Schnitzel oder Spargel vorstellen? Nein! Ungefähr so verhält es sich in Portugal mit den Sardinen. Während der Saison, im Juli und August, wird in Portugal der Großteil der gefangenen Sardinen frisch verzehrt. Ob auf Straßen- und Stadtfesten, am Strand, beim Picknick, zu Hause oder im Restaurant, die Portugiesinnen und Portugiesen essen in diesem Zeitraum einfach überall die kleinen, schillernden Fische. Da ist es kein Wunder, dass sie über ein buntes Repertoire an Verarbeitungs- und Zubereitungsarten verfügen: von Sardinen in Öl oder im eigenen Saft eingelegt in Konservendosen über gefüllte Sardinen oder Sardinenpasten bis hin zur gegrillten Sardine. Dieser Fisch ist ein Herzstück der portugiesischen Küche.

Sardinen zu essen, gehört also auf jeden Fall auf die To-do-Liste eines Porto-Urlaubs, denn Matosinhos, die hiesige Sardinen-Hochburg, liegt nur eine etwa 20-minütige Metro-Fahrt entfernt. Dieser Stadtteil beherbergt nicht nur eine der ältesten Sardinendosen-Fabrikationen, sondern ist auch für seine Fisch- und Meeresfrüchte-Restaurants bekannt. Egal ob am Mittag oder Abend, es duftet im oberen Teil der Rua Heróis de Franca, einer lang gezogenen Straße zum Meer hin, verführerisch nach gegrilltem Fisch. In der „Straße der Sardinen", wie sie auch genannt wird, stehen vor den zahlreichen Restaurants in dichte Rauchschwaden gehüllte Holzkohlegrills samt darauf brutzelnden Fischen. Wer bei diesen animierenden Düften der Versuchung nicht nachgeben kann, scheint übermenschliche Kräfte zu besitzen oder mag schlicht und einfach keinen Fisch. Daher in einem der einfachen, meist rustikalen Restaurants Platz nehmen und sechs oder zwölf Sardinen genüsslich verspeisen. Sind sie klein genug, dann trennt man dazu nur den Kopf ab, legt den Rest auf eine Scheibe Brot und genießt sie im Ganzen samt Gräten und Innereien. Dank solch einem Mahl dringt man tief in die portugiesische Lebensart ein und versteht sie mit jedem Bissen ein Stück besser.

● Straße der Sardinen, Rua Heróis de França, 577–493, 4450-159 Matosinhos
● ÖPNV: U-Bahn-Linie A (blau), Haltestelle Matosinhos Sul

Über den Dingen schweben

27 Mit der Seilbahn Teleférico de Gaia hoch hinaus

Einmal über allem schweben und die Welt von oben betrachten. Wer wünscht sich das nicht?! Selbst das ist in Porto dank der Teleférico de Gaia, die 2009 bis 2011 vom österreichischen Unternehmen Doppelmayr gebaut wurde, ein Kinderspiel. Die Einseilumlaufbahn transportiert mit ihren zwölf Kabinen mit jeweils acht Plätzen bis zu 850 Personen pro Stunde und verbindet dabei die Bergstation am Jardim do Morro, unterhalb vom Mosteiro da Serra do Pilar und nahe der oberen Etage der Ponte Dom Luís I., mit der Talstation in der Nähe der städtischen Markthalle und der Portweinkeller am Cais de Gaia. Die Seilbahn überwindet hierbei 57 Höhenmeter auf einer Strecke von knapp 600 Metern.

Auch wenn sie meist von Touristen genutzt wird, ist die Teleférico auch Teil des öffentlichen Personennahverkehrs. Wer fahren möchte, sollte schwindelfrei sein, denn auf ihrer Fahrt von unten nach oben steigt die Seilbahn steil an, damit sie hoch genug ist, um die Lagerhallen und Gebäude der Portweinkellereien überwinden zu können. Schwebt die Bahn dann hoch über dem Douro, geht es meist mit reduzierter Geschwindigkeit gemächlich nach oben beziehungsweise unten. Alles nur, damit die Fahrgäste den Ausblick genießen können. Davon gibt es hier oben auf alle Fälle genug. So öffnet sich während der Fahrt das tief eingeschnittene Tal des Douro samt Portos Altstadt Ribeira und der Ponte Dom Luís I. für alle Aussichtsgierigen. Gleichzeitig kann man selbstverständlich auch die Portweinkeller in Gaia aus einem ganz neuen Blickwinkel betrachten. Das Panorama aus der Kabine ist einfach außergewöhnlich. Also worauf warten!?! Einfach eine Runde mit der Seilbahn fahren, die Sehenswürdigkeiten aus der Vogelperspektive betrachten und garantiert mit ungewöhnlichen, unvergesslichen Porto-Ansichten beglückt über den Dingen schweben.

TIPP

Bei einer Fahrt von oben nach unten ist nicht nur das Panorama länger, sondern auch die Warteschlange kürzer.

● Teleférico de Gaia (Station Cais de Gaia), Avenida de Ramos Pinto, 331, 4430-233 Vila Nova de Gaia, www.gaiacablecar.com/Teleferico/PT.html
● ÖPNV: Bus 901, 906, Haltestelle Largo Aljubarrota

TELEFÉRICO DE GAIA
PORTO CRUZ
PORTO CRUZ
NDEMAN

Alles Käse

28 Meeresblick vom Forte de São Francisco Xavier

Es gibt noch eine weitere Sehenswürdigkeit in Porto, die neben der Ponte Dom Luíz I. und dem Altstadtviertel Ribeira auf keinem Zettel fehlen sollte: das Forte de São Francisco Xavier. Wer nach Foz do Douro fährt, um sich die Festung aus dem späten 17. Jahrhundert anzuschauen, und vielleicht nach dem Weg dorthin fragt, dann kann manch Einheimischer mit diesem Namen so gar nichts anfangen. Die Burg ist umgangssprachlich nur als „Castelo do Queijo", übersetzt „Käse-Burg", bekannt. Woher diese Bezeichnung kommt, daran scheiden sich die Geister. Mit der Form der Burg und der Granitblöcke der felsigen Küste, die an die Käselaibe des berühmten und zertifizierten Bergkäse Queijo da Serra erinnern, auf und auch mit denen die Festungsanlage 1661/62 auf der Ruine einer älteren Anlage erbaut wurde, scheint es definitiv etwas zu tun zu haben. Ziel der Verteidigungsanlage, die von Miguel de l´École entworfen und zwischen den Flussmündungen des Douro und des Rio Leça errichtet wurde, war es, sich vor Angreifern, die per Schiff über den Atlantik kamen, zu schützen und entsprechend Porto zu verteidigen.

Seit 1934 gilt die Festung als Denkmal, ist entsprechend geschützt und kann besichtigt werden. Unter anderem kann man, wie so häufig in solchen Festungsanlagen, eine historische Waffensammlung bestaunen oder sich in den restaurierten und wie im 17. Jahrhundert ausgestatteten Räume in der Zeit zurückkatapultieren. Da das Forte direkt auf einem Felsen erbaut wurde, bietet sich von hier ein traumhaft schöner Blick über den Atlantik und die wunderschönen Strände. Der kleine Strand, der direkt neben der Festung liegt, ist von Felsen und Steinen geprägt und lädt nicht unbedingt zum Schwimmen ein. Wer das alles Käse findet und vom Blick auf den Atlantik genug hat, kann gleich nebenan im einzigen Sea-Life-Aquarium Portugals in die Unterwasserwelten abtauchen und über 5800 Meeresbewohner bestaunen.

- Forte de São Francisco Xavier, Praça de Gonçalves Zarco, 20, 4100-274 Porto
- ÖPNV: Bus 1M, 205, 500, 502, Haltestelle Castelo do Queijo

„The Fennel Countdown“

29 Ein Konzert im Hard Club besuchen

Der geneigte Porto-Tourist könnte durchaus etwas anderes erwarten, wenn er den Mercado Ferreira Borges aufsucht. Dem Namen nach sollte man dort auf Obst, Gemüse und sonstige Lebensmittel treffen – wie es sich eben für eine Markthalle gehört. Doch das zwischen 1885 und 1888 als Markthalle erbautet Gebäude wurde nur ganz kurz für den angedachten Zweck genutzt. Eigentlich sollte dieser neue Markt den alten Markt in der Ribeira ablösen. Die Idee scheiterte jedoch an der vornehmen Zurückhaltung der Händler und Geschäftsleute, ihren angestammten Platz am alten Ort aufzugeben. So wurde die baulich interessante Eisen- und Glaskonstruktion schräg gegenüber vom prachtvollen Börsenpalast, realisiert durch den Architekten João Carlos Machado, erst als Garage, Lagerhalle, Gewächshaus, Armenküche und dann 1939 als Obstmarkt genutzt. Im Jahr 1978 wurde der Mercado endgültig geschlossen und zerfiel zusehends. Die Stadt Porto entschloss sich nach fünfjährigem Nichtstun 1983 für eine grundlegende Restaurierung des imposanten Bauwerks, um an diesem Ort ein Kulturzentrum einzurichten.

Seit 2010, nach einer erneuten Renovierung, findet man den angesagten Hard Club in der ehemaligen Markthalle. Damit entstand ein neuer, einmaliger Veranstaltungsort mitten in Porto. Neben dem sehr beliebten Restaurant No Mercado wurde die Fläche in unterschiedliche Veranstaltungsräume aufgeteilt. So können hier nun Konzerte, Theaterveranstaltungen, Kinovorführungen oder Messen stattfinden. Wie der Name es schon nahelegt, hat man sich im Hard Club ganz besonders auf Rockkonzerte spezialisiert. Dann heißt es im künstlichen Nebel samt Stroboskop-Blitze einzutauchen, die Nacht zum Tage zu machen und mal wieder richtig abzutanzen. Schließlich wissen wir doch alle, dass durch den Rhythmus der Musik sowohl gänzlich unterschiedliche Hirnregionen auf ganz verschiedene Arten und Ebenen stimuliert sowie beim Tanzen nicht nur Schweiß, sondern auch die Glückshormone Dopamin und Endorphin ausgeschüttet werden. Also, worauf warten? Rock up your life!

- Hard Club im Mercado Ferreira Borges, Rua da Bolsa, 19, 4050-253 Porto
  www.hardclubporto.com
- ÖPNV: Bus 1M, 500, 900P, Haltestelle Mercado Ferreira Borges

HARDCLUB

Glückskachel

30 In der Banco de Materiais nach Azulejos stöbern

Portugal gilt als das Land der Kacheln. Egal, wo man steht und geht, trifft man auf sie in großer Zahl: Azulejos. Vom arabischen *Al-zuleique* abstammend, heißt das Wort so viel wie „glatter und polierter Stein". Ab dem 15. Jahrhundert wurden die Keramikfliesen in Portugal zum Trend und zierten viele Häuser, Schlösser und auch Kirchen. Meist zeigen die Azulejos Ornamente, biblische oder Alltagsszenen. Doch wer genau hinschaut, der findet oft eine absichtlich falsch platzierte Kachel. Die Künstler wollten so bewusst die Perfektion vermeiden und Gott damit zeigen, dass der Mensch nicht perfekt und unfehlbar ist.

Selbstverständlich gehören die typischen Fliesen auch in Porto zum Stadtbild dazu. Ein zeitgenössisches Fliesenkunstwerk befindet sich beispielsweise am Eingang des Ribeira-Tunnels direkt neben der Ponte Dom Luís I. Es ist 40 Meter lang, wurde 1987 vom Künstler Júlio Resende geschaffen und zeigt auf 40 Azulejos das Leben im Altstadtviertel Ribeira.

Die historischen Fliesen sind leider nicht nur in Porto oft von Zerstörung, Verfall und Dieben bedroht. Um zu verhindern, dass dieses Kulturgut langsam, aber sicher verschwindet, wurde in Porto etwas Einzigartiges geschaffen und eine Materialbank eingerichtet. Die Banco de Materiais wirkt auf den ersten Blick im Innern wie ein Museum. Man kann ausgestellte Dinge besichtigen und erhält einige Infos zum Thema Azulejos. Doch eigentlich ist es nichts anderes als eine Bank, die die handbemalten Kacheln verwahrt. So werden die unterschiedlichsten Fliesen gesammelt, falls notwendig gesäubert und restauriert und danach in kleinen Holzkisten archiviert. Über die Zeit sind so Zehntausende Azulejos zusammengekommen. Hier warten sie geduldig darauf, aus ihrem Dornröschenschlaf erweckt zu werden. Denn Hausbesitzer können in der Fliesenbank nach passenden Azulejos stöbern. Sollte dann auch noch die passende Glücksfliese dabei sein, gibt es diese kostenlos und sie erhält damit ihre zweite Chance, eine Fassade zu verschönern.

TIPP

Eine Azulejo im Workshop bei Gazete Azulejos (www.gazeteazulejos.com) selbst gestalten.

● Banco de Materiais, Praça de Carlos Alberto, 71, 4050-157 Porto, Tel. +351 223 39 34 80, www.museudacidadeporto.pt/estacao/banco-de-materiais/
● ÖPNV: U-Bahn-Line D (gelb), Haltestelle Aliados, etwa 600 Meter zu Fuß

CAIXA 7
22.23.24.25.26
CAIXA 8
CAIXA 9

Im Goldfieber

31 Die Igreja de São Francisco im Ribeira-Viertel

Es ist nicht alles Gold, was glänzt. Dieses Sprichwort trifft ganz sicher nicht auf die Kirche Igreja de São Francisco zu. Wenn man im Innerraum des Sakralbaus steht, wird man fast vom güldenen Glanz geblendet. Nicht verwunderlich, denn es wurden hier schließlich über 300 Kilogramm Blattgold verarbeitet. Doch zuerst einmal zurück zu den Anfängen des Gebäudes im Jahr 1223: Der Franziskanerorden ließ sich in Porto nieder und baute, wie für einen Bettelorden üblich, ein bescheidenes Kloster samt Gotteshaus, das dann zwischen 1383 und 1425 unter König Fernando deutlich vergrößert wurde. Der neue Bau wurde im gotischen Stil entworfen. So entstand ein dreischiffiger Kirchenbau mit vorspringendem Querhaus, einer dreigeteilten Eingangsfassade und tiefer gelegenem Chorraum. Jedoch wurden bereits zu dieser Zeit auch innovativere Stilelemente, wie die Fischblasenornamentik der Fenster im Chor, in den Bau integriert.

Erst im Laufe des 17. und 18. Jahrhunderts wurde das Gotteshaus bei weiteren Umbauten nahezu gänzlich im barocken Stil erneuert, außerdem versah man die kunstvollen Holzschnitzereien mit einer der üppigsten Golddekorationen des Landes. Diese Arbeiten, *Talha dourada* genannt, sind neben den Azulejos, der Fliesenkunst, eine der besonderen künstlerischen Ausdrucksformen Portugals. Kein Wunder, denn genau in diesen Zeitraum fällt die Entdeckung des Goldes in der portugiesischen Kolonie Brasilien, was zur Folge hatte, dass alles Holz in Kirchen und Adelspalästen im Mutterland direkt verschwenderisch mit dem Edelmetall überzogen wurde. Ein wahres Glück für die Künstler, die aus dem Vollen schöpfen konnten und buchstäblich in einen wahren Goldrausch verfielen. Da die Arbeiten über viele Jahrzehnte andauerten, werden auch verschiedene Stil-Epochen abgedeckt. Vom Hochbarock im 17. Jahrhundert über den spätbarocken Stil bis hin zum Rokoko sind unterschiedliche Elemente zu entdecken.

TIPP

So viel Prunk war nicht immer zeitgemäß und die Kirche eine Zeitlang für die Öffentlichkeit nicht zugänglich.

- Igreja de São Francisco, Rua do Infante Dom Henrique, 4050-297 Porto
- ÖPNV: Straßenbahnlinie 1, Haltestelle Ribeira (Infante)

Würzige Französin

32 Im Café Santiago ein Francesinha essen

Während der autoritären Diktatur des Estado Novo verließen viele Portugiesen fluchtartig das Land und suchten unter anderem in Belgien oder Frankreich Sicherheit. Bereits vor, aber hauptsächlich nach der Nelkenrevolution 1974 kamen sie nach und nach wieder und brachten die Einflüsse der neuen Heimat auf Zeit mit zurück. Vor allem die männlichen Portugiesen schwärmten von den Französinnen, die ihnen das Heimweh erträglicher gemacht hatten. Daniel David Silva war einer von ihnen. Er kehrte bereits 1954 nach Porto zurück und hatte einen kulinarischen Leckerbissen im Gepäck. Der Portuenser hatte sich nämlich während seiner Zeit in Frankreich schockverliebt: nicht etwa in eine der charmanten Französinnen, sondern in den Croque Monsieur. In Porto „pimpte" er in seinem Restaurant Cervejaria da Regaleira den Klassiker der französischen Bistroküche auf die portugiesische Art. Fertig war das Francesinha, die kleine Französin.

TIPP

Angeblich sah der Erfinder Parallelen zwischen dem scharfen Leckerbissen und französischen Frauen – so entstand der Name.

Die Originalversion, die man angeblich am besten im Café Santiago essen soll, besteht aus zwei Scheiben Brot, die mit einem dünnen Steak, frischen Würstchen, Schinken und einer weiteren dünnen geräucherten Wurst belegt werden. Das Ganze wird dann noch mit Käse getoppt und überbacken. Final fehlt nur noch die pikante Sauce, die das Francesinha in eine schwimmende Insel der Kalorien-Glückseligkeit verwandelt. Übrigens ist das jeweils geheime Saucen-Rezept auch der einzige individuelle Unterschied, der gern gesehen und akzeptiert wird. Denn weitere Variationen zum Beispiel mit einem Spiegelei, Garnelen oder komplett vegetarisch verwässern das Original bereits. Um diesen Auswüchsen entgegenzuwirken, wurde mit der „Confraria da Francesinha" mittlerweile sogar eine Bruderschaft gegründet, mit dem Ziel, sich für die Unverfälschtheit dieses klassischen Snacks einzusetzen. Der Erfolg gibt ihnen Recht. Denn in Porto werden mehr Francesinhas als Hamburger oder Pizzen vernascht. Um selbst in den Genuss zu kommen, heißt es vor dem Café Santiago Schlange stehen. Es lohnt sich jedoch.

- Café Santiago, Rua de Passos Manuel, 226, 4000-382 Porto
  www.cafesantiago.pt
- ÖPNV: Bus 302, Haltestelle Coliseu do Porto

Zauberhafte Borsten

33 Altes Handwerk in der Escovaria del Belomonte

Man sollte nicht nur Augen für die Gebäude im Weltkulturerbe Ribeira haben, sondern auch für die Läden und Geschäfte, die hier darauf warten, entdeckt zu werden. So finden sich auch ein paar Handwerksberufe, die ebenso wie in Deutschland bereits vom Aussterben bedroht sind. Wenn man dann vor dem Laden der Escovaria de Belomonte steht, weiß man auch ohne Portugiesischkenntnisse, dass es hier borstig zugeht. Ein Blick auf den am Eingang hängenden Besen reicht aus. Der Laden ist gleichzeitig Geschäft, Werkstatt und auch ein wenig Museum. Das spürt man, sobald man durch die Tür tritt und die über 90-jährige Geschichte der Handwerksfamilie einatmet.

1927 von Antóno da Silva gegründet, zog das Unternehmen 1953 in das Haus mit der Nummer 34 in der Rua de Belomonte. Seitdem werden hier Bürsten für den Hausgebrauch komplett von Hand gefertigt. Mittlerweile ist mit Sérgio Silva Rodrigues bereits die vierte Generation von Bürstenbindern, wie der Berufsstand offiziell bezeichnet wird, am Werk. Man kann ihm und seinen Mitarbeitenden live bei der Arbeit zusehen und staunend beobachten, wie in der Werkstatt aus Naturborsten und Holz ein Besen oder eine Bürste entsteht. Die Borsten stammen von Ziegen, Wild- und Hausschweinen sowie von Pferden. Eine besondere Faserart, die hauptsächlich bei der Herstellung von Geschirrspülbürsten verwendet wird, stammt von einem mexikanischen Kaktus. Man kann nur staunen, wie flink und grazil zugleich die portugiesischen Bürstenmacher mit einer feinen Nadel die Mengen an kleinen Borsten und Haaren in Holz- oder Metallstrukturen verweben. So entsteht fast auf meditativ-entspannte Weise eine neue Bürste oder eben ein Besen. Das hat ganz gewiss nichts mit Zauberei, sondern mit reiner Handwerkskunst zu tun. Gerüchten zufolge haben der Laden und die Bürstenmacher J. K. Rowling, wie bereits die Buchhandlung Lello, für ihren Welterfolg Harry Potter derartig verzaubert, dass sie die magischen Flugbesen ersann.

- Escovaria del Belomonte, Rua de Belomonte, 34, 4050-096 Porto, Tel. +351 222 00 24 69, www.escovariadebelomonte.com
- ÖPNV: Bus 1M, 500, 900P, Haltestelle Mercado Ferreira Borges, etwa 300 Meter zu Fuß

Holpriges Vergnügen

34

Mit der historischen Straßenbahn Porto entdecken

Die Straßenbahn in Porto wurde bereits im Jahre 1895 eingeweiht und ist somit eines der ältesten elektrifizierten Transportmittel in Europa. Ihr Netz erstreckte sich früher über einen Großteil der Stadt. In den 1960er- und 1970er-Jahren wurde es jedoch, nachdem immer weniger Einheimische sie nutzten, zurückgebaut. Übrig blieben nur noch drei Linien, die allerdings nicht mehr Teil des öffentlichen Verkehrsnetzes sind. Auf ihnen verkehrt für touristische Zwecke als Museumsstraßenbahn jeweils eine historische Eléctrico, wie die Straßenbahn im Portugiesischen bezeichnet wird.

Diese Straßenbahnen samt Wagen sind liebevoll restauriert und Zeugen einer eigentlich längst vergangenen Ära. Gut, dass die Fahrzeuge mit ihrem polierten Holzinterieur, den Hebeln und Knöpfen aus Messing und einer Klingel, um die Straßenbahn zu stoppen, nicht in irgendeinem Museum verschwunden sind. Stattdessen fahren sie fröhlich quietschend und ratternd durch Portos Straßen und müssen hin und wieder sogar einige der steilen Hügel bezwingen. Egal ob man sich für die Linie 1, 22 oder 18 entscheidet, jede hat ihren ganz eigenen Charme und Reiz. Die Linha 22 führt als Rundlinie durch alle interessanten Stadtteile Portos und an vielen der wichtigsten Sehenswürdigkeiten vorbei. Eine Rundfahrt ab der Starthaltestelle Batalha dauert circa 30 Minuten, kann sich aber auch hin und wieder durch den dichten Straßenverkehr etwas verlängern. Die Dritte im Bunde, die Linha 18, fährt nur an wenigen Touristenattraktionen vorbei und ist aus diesem Grund deutlich leerer als die beiden anderen Straßenbahnlinien. Die beliebteste Linie, Linha 1, die von der Haltestelle Infante in der Ribeira bis zur Endstation Passeio Alegre Park in Foz de Douro fährt, führt auf der landschaftlich schönsten Strecke immer am Douro entlang. Sie ist daher meist sehr voll und es ist empfehlenswert, nur an der Start- oder Endhaltestelle einzusteigen. Ansonsten muss man stehen und es wird dann schnell ziemlich kuschelig während der holprigen Fahrt. Ganz gleich, welche der drei Bahnen man besteigt, es ist wie ein romantischer Ausflug in die Vergangenheit.

TIPP

Am besten ganz früh oder spät fahren, dann sind die Bahnen deutlich leerer!

● Startbahnhaltestelle Infante, Linha 1, Rua Nova da Alfândega, 1, 4050-253 Porto
● ÖPNV: Bus 1M, 403, 500, 910, Haltestelle Ribeira (Infante)

1 INFANTE
Coca-Cola
Coca-Cola
Coca-Cola

Shopping-Glück

35 Bummeln auf der Rua Santa Catarina

Selbstverständlich gibt es in Porto auch eine Einkaufsmeile: die Rua Santa Catarina, mitten in der historischen Altstadt von Porto. Sie beginnt am Praça da Batalha im Süden, verbindet sich mit der Rua de 31 de Janeiro an der Igreja Paroquial de Santo Ildefonso und erstreckt sich bis zum Praça do Marquês de Pombal im Norden. Die Rua Santa Catarina ist eine der schönsten Einkaufsstraßen der Stadt. Hier kaufen nicht nur Touristen gerne ein, sondern auch viele Einheimische verweilen hier bei einem Schaufensterbummel. Auf etwa 1,5 Kilometern bietet die Fußgängerzone alles, was den Shopaholic glücklich macht. Neben einer großen Auswahl an Geschäften gibt es sogar zusätzlich noch das Einkaufszentrum Via Catarina, das mit den altbekannten internationalen Marken vielleicht das Shopping-Herz noch einmal höherschlagen lässt. Fast selbstverständlich, dass in der Rua Santa Catarina auch Restaurants und Cafés darauf warten, bei einer kurzen Verschnaufpause neue Energie für die zweite Hälfte des Shopping-Marathons zu spenden.

Trotz der 1001 Shopping-Möglichkeiten sollte man dabei auch Augen für die wunderschönen Jugendstilgebäude haben, die die Einkaufsstraße säumen, so zum Beispiel das berühmte Café Majestic mit seinem prächtigen Dekor im Belle-Époque-Stil. Außerdem könnte man im Shoppingrausch auch die bezaubernde Capela das Almas mit ihren kunstvollen Azulejo-Fliesen oder Portos größten Open-Air-Markt, den Mercado de Bolhão, verpassen mit seinen Ständen von frischem Obst und Gemüse über die fantastisch duftenden Gewürze oder den farbenprächtigen Blumen bis hin zu frischem Fleisch und Fisch. So sorgt ein Einkaufstrip auf der Rua Santa Catarina für ganz unterschiedliche Sinneserlebnisse, die man neben einem großartigen Schnäppchen mit nach Hause nehmen kann. Wer keine Lust auf Kaufrausch hat, der setzt sich einfach in irgendein Café, beobachtet entspannt das pulsierende Treiben und berauscht sich am Shopping-Glück der anderen.

- Rua Santa Catarina, 4000-447 Porto
- ÖPNV: U-Bahn-Linie D (gelb), Haltestelle Marquês

ZIPPY
Pizza Hut
worten

Foodliebhaber, aufgepasst!

36 Auf dem Mercado do Bolhão

Nirgends kann man besser in den Alltag einer Stadt eintauchen als bei einem Besuch auf dem Markt. Auf dem Mercado do Bolhão, der vor über 100 Jahren errichtet wurde, kann man sich wunderbar treiben lassen und dabei viele Eindrücke sammeln. Das Gebäude im neoklassischen Stil wurde in den letzten Jahren grundlegend renoviert und hat dabei trotzdem nichts von seinem ursprünglichen Charme eingebüßt. Alles wirkt weiterhin authentisch und man fühlt sich ein wenig wie auf einer Zeitreise. Der Markt wird selbstverständlich gerne von Touristen besucht, jedoch erledigen hier auch viele Einheimische ihre alltäglichen Besorgungen. Man kann dann den oft älteren Hausfrauen in ihren Schürzen zusehen und zuhören, wie sie mit den Verkäufern um die besten Preise feilschen. Wenn man selbst durch die schmalen Gänge schlendert, erblickt man an den über 80 Ständen alles, was das Foodie-Herz höherschlagen lässt. Es riecht abwechselnd nach exotischen Früchten, Käse, frisch Gebackenem oder Blumen und der Duft der Kräuter vermischt sich mit dem des frischen Fisches. Die Augen nehmen ein buntes Potpourri an Farben wahr und wenn dann noch die Verkäufer zum Probieren einladen, werden die gesamten Sinne angesprochen.

Wer jetzt hungrig wird, findet an zehn unterschiedlichen Essensständen herrlich frische, bodenständige Küche, die man für kleines Geld genießen kann. Da kommen nicht nur Foodliebhaber auf ihre Kosten und werden restlos satt und glücklich. Vielleicht erschließen sich so auch bisher komplett unbekannte Geschmackswelten und man entdeckt völlig neue Dinge. Genau das sind Erlebnisse und Empfindungen, die man mit einem Marktbesuch verbindet und die ihn unvergesslich machen. Also einfach mal abtauchen und eine Reizüberflutung riskieren, denn die ist in diesem Falle unbezahlbar!

- Mercado do Bolhão, Rua Formosa, 4000-248 Porto, www.mercadobolhao.pt
- ÖPNV: U-Bahn-Linie A (blau), B (rot), Haltestelle Mercado do Bolhão

4.50
€Kg.
Variedade
Categoria
Preço Kg
3.50€
Variedade
Categoria
Preço Kg

French Coffee

37 Kleine Pause im Café Majestic

Wenn man die Rua de Santa Catarina, die knapp 1,5 Kilometer lange Fußgängerzone Portos, entlangflaniert, sticht einem bei Hausnummer 112 ein ganz besonderes Gebäude samt Café direkt ins Auge. Der Architekt João Queirós entwarf das vornehme, ganz dem Pariser Chic entsprechende Café mit seiner auffälligen Marmorfassade, die mit bezaubernden floralen Elementen und gewundenen Formen verziert ist. Blickt man nach oben, scheinen zwei kleine vergnügte Jungenfiguren die Menschen winkend hereinzubitten. Innen wartet das Majestic mit klassischen Jugendstilelementen, wie dekorativen Details oder geschwungenen Holzrahmen, auf. Die Wände sind mit Spiegeln bedeckt und lassen so den Raum deutlich größer wirken. Das alles spiegelt den Geschmack dieser Epoche wider und das Café Majestic ist dadurch selbstverständlich eng mit der Geschichte Portos der 1920er-Jahre und der Tradition der Kaffeehäuser verwoben.

Am 17. Dezember 1921 als „Elite“ im Art-Nouveau-Stil eröffnet, wurde es bereits im darauffolgenden Jahr auf „Majestic“ umgetauft. Denn die damalige Boheme Portos hielt den alten Namen für nicht angebracht, da er nach der 1910 ausgerufenen Portugiesischen Republik und dem anhaltenden Einfluss der französischen Belle Époque nicht dem intellektuellen Zeitgeist entsprach. Politiker, Schriftsteller und Intellektuelle gingen hier ein und aus, um über ihre Ideen zu philosophieren. Unter ihnen waren die portugiesische Schauspielerin Beatriz Costa, Intellektuelle wie Júlio Resende, Teixeira de Pascoaes oder Leonardo Coimbra. Auf die Blütezeit des Majestic folgte in den 1960er-Jahren schließlich eine Phase des Niedergangs. Das Café schloss, wurde veräußert und schließlich komplett restauriert. So konnte das Majestic im Jahr 1994 im alten Glanz erstrahlen und wiedereröffnen. So kann man auch heute noch die besondere Atmosphäre im Café mit seinen schmucken Details, den Kronleuchtern und dem Jugendstil-Spiegelsaal, in dem gelegentlich ein Pianist spielt, genießen und dem Glanz der Belle Époque bei einer Tasse Kaffee nachspüren.

- Café Majestic, Rua Santa Catarina, 112, 4000-442 Porto, Tel. +351 222 00 38 87 www.cafemajestic.com
- ÖPNV: Bus 301, 305, 401, Haltestelle Santa Catarina

Perfekte Welle

38 Surfen am Strand von Matosinhos

Sicherlich gehört der Strand von Matosinhos nicht zu den schönsten Stränden Portos. Die Wasserqualität ist aufgrund des angrenzenden Hafens nicht unbedingt gut, trotzdem könnte man ein Schwimmchen wagen. Eventuell ist es nur etwas für die Hartgesottenen unter den Wasserratten, denn der Atlantik in Nordportugal erwärmt sich selbst im Sommer meist nicht über 20 Grad Celsius. Der Praia de Matosinhos ist dafür aber der größte Strand, der am schnellsten, nämlich in etwa 20 Minuten, mit der Metro bequem vom Stadtzentrum Portos aus zu erreichen ist. Deshalb ist er sowohl unter den Portuensern als auch bei Touristen beliebt.

Keine Angst, genügend Platz bietet der weitläufige Strand mit seinem goldgelben Sand allemal. Man findet also immer ein ruhiges Eckchen, kann den tosenden Wellen und der lebhaften Brandung des Atlantischen Ozeans zuschauen. Deshalb eignet sich der Praia de Matosinhos nicht nur optimal für Sonnenanbeter, sondern auch Surffreunde kommen nicht zu kurz.

Matosinhos zählt aufgrund seines sandigen Bodens und des flachen Wassereintritts mit langer vorgelagerter Untiefe als ausgezeichneter Ort zum Surfen und hat sich zum beliebtesten Surfspot Portos entwickelt. Sowohl Wellenreitern und Bodyboardern als auch Kitesurfern kann man bei ihren waghalsigen akrobatischen Sprüngen zusehen. Nicht selten finden hier entsprechende Wettbewerbe oder Meisterschaften statt. Trotzdem ist der Praia de Matosinhos auch ein Strand für absolute Anfänger. Es gibt mehrere Surfbrettverleihgeschäfte und Surfschulen am Strand. Also, worauf warten, Neoprenanzug anziehen und versuchen, auf dem Brett stehen zu bleiben. Das wird sicher kein leichtes Unterfangen und kostet einiges an Kraft. Wenn es dann endlich funktioniert, ist das Glücksgefühl umso größer. Die verbrauchte Energie kann danach in den vielen Restaurants in der Umgebung, die hervorragenden Fisch und Meeresfrüchte anbieten, wieder aufgetankt werden. Das gilt auch für Zuschauer des Nervenkitzels, die vom Zittern, Bibbern und Daumendrücken völlig fertig sind.

TIPP

Im Juni findet am Strand ein großes Fischfood-Festival statt.

- Praia de Matosinhos, Avenida General Norton de Matos, 4450-208 Matosinhos
- ÖPNV: U-Bahn-Linie A (blau), Haltestelle Matosinhos Sul, etwa 500 Meter zu Fuß

Teilen macht glücklich

39 Gemeinsam schlemmen in der Taberna do Largo

Wer Portugal besucht, sollte keinesfalls vergessen, die kleinen, traditionellen Snacks zu probieren. Sie werden mit der Hand, einer Gabel oder einem Löffel gegessen. Dazu nimmt man eine frische Scheibe Brot und am besten ein sehr kaltes Bier. Vielleicht fühlt sich jetzt manch einer an die spanischen Tapas erinnert. Am besten streicht man gleich diesen spanischen Ausdruck für die kleinen Köstlichkeiten aus seinem Sprachschatz und lässt ihn bloß nicht über die Lippen kommen. Denn die weiterhin gelebten Animositäten gegenüber dem Nachbarland kränken bei solch einem Fauxpas nur die portugiesische kulinarische Seele. Schließlich hat man in Portugal eine eigene Bezeichnung für diese Miniaturhappen: Petiscos. Auch in Porto trifft man sie auf vielen Speisekarten an wie beispielsweise in der kleinen Taberna do Largo. Es handelt sich dabei um kleine Portionen, die – wie man es aus Spanien, Griechenland oder auch dem Orient kennt – auf kleinen Tellern nach und nach auf den Tisch gestellt werden. Traditionell sind viele dieser Kleinigkeiten wie Wurst, Käse oder Salate kalt. Jedoch gibt es ebenfalls Gerichte, die frisch zubereitet und heiß serviert werden. Dazu zählen auch schon mal kleinere Ausführungen eines Hauptgerichts, wie zum Beispiel gegrillte Sardinen oder ein Stockfisch-Gericht.

Jedes Restaurant hat seine eigenen Klassiker auf der Karte und ist bekannt für deren Zubereitung. Das Angebot kann von einem Salada de Bacalhau e Grão, Salat aus zerrupftem Stockfisch mit Zwiebeln und Kichererbsen, über eine Choriço, eine in einer Tonschale flambierte Wurst, bis hin zu frittierten Kabeljau-Kroketten, Pastéis de Bacalhau, reichen. Also nicht neidisch sein und die kulinarische Vielfalt einfach gemeinsam probieren. Nicht nur, weil man nur so mehrere der unterschiedlichen Gerichte kosten kann, sondern vor allem weil Teilen glücklich macht.

- Taberna do Largo, Largo São Domingos, 69, 4050-545 Porto
- ÖPNV: Bus 1M, 500, 910, Haltestelle Mouzinho Silveira, etwa 150 Meter zu Fuß

360 Grad

40 Die Aussicht vom Espaço Porto Cruz genießen

Nicht noch ein Aussichtspunkt! Jetzt reicht es aber wirklich! Falsch! Wer diese Dachterrasse verpasst, verpasst etwas ganz Besonderes. Gerade in lauen Sommernächten sollte man hierherkommen, um die 360-Grad-Experience, den grandiosen Rundumblick auf Porto, Douro und Gaia zu genießen. Doch Moment: ohne Haus keine Dachterrasse und damit keine Aussicht. Genau richtig! Die Dachterrasse befindet sich im vierten Stock des 2012 renovierten historischen Depots der Portweinkellerei Porto Cruz. Während der Sanierungsarbeiten wurde das Gebäude entsprechend umgestaltet. So wurden neben der bereits erwähnten Dachterrasse ein Restaurant, ein Auditorium und auch mehrere Ausstellungsräume geschaffen. In diesen verbindet sich der Portwein multimedial in verschiedenen Schauen auf neue und unterschiedliche Art und Weise experimentell mit Elementen aus Kunst, Mode, Fotografie und Film.

Um die 360-Grad-Erfahrung zu komplettieren, sollte man den hauseigenen Portwein auf der Dachterrasse verkosten. So wird das Portwein-Tasting nicht nur ein Erlebnis für Nase und Mund, sondern eben auch für die Augen. Für Kinder wird der Besuch übrigens ebenfalls zum Erlebnis. Sie bekommen drei bunte Säfte in Portweingläsern samt Schoki oder Käse serviert und können sich wie die Großen fühlen. Ferner kann man es sich auf der holzgedeckten Dachterrasse mit ihren gemütlichen Lounge-Sofas auch ohne Portweinprobe bequem machen und es sich gut gehen lassen. Sobald sich die Sonne senkt, wird es hier schnell voller. Wenn dann der Live-DJ noch für die richtige Musikuntermalung sorgt, die Barkeeper mit Portwein kreative Cocktails zaubern und sich der Himmel schließlich noch rot-orange färbt, dann setzt das 360-Grad-Erlebnis einen besonderen Schlusspunkt, der eindrucksvoll romantisch mitten ins Herz geht. Gut, dass man das nicht verpasst hat!

● Espaço Porto Cruz, Largo Miguel Bombarda, 23, 4400-222 Vila Nova de Gaia
www.espacoportocruz.pt
● ÖPNV: Bus 920, Haltestelle Caves Vinho Porto

Gefangen in Bildern

41 Das Centro Português de Fotografia

Wie das Gebäude, in dem das Centro Português de Fotografia heute untergebracht ist, früher genutzt wurde, daran erinnern maximal noch die vergitterten Fenster. Sie lassen erahnen, dass hier im „Cadeia da Relação" einst Verbrecher eingesperrt waren. Sehr eng mit diesem ehemaligen Gefängnis ist die Lebensgeschichte des portugiesischen Schriftstellers und Romanciers Camilo Castelo Branco verknüpft. Er war gleich zweimal hier inhaftiert. Bei seiner zweiten Haft wurde der als Schwerenöter bekannte Camilo wegen der „Entführung" von Ana, einer verheirateten Frau, die mit ihm freiwillig durchgebrannt war, verurteilt. Während seiner Gefängnisstrafe begann er zu schreiben.

In dieser Zeit entstand sein populärstes Buch „Amor de Perdição", das den Stoff für so manchen portugiesischen Liebesfilm lieferte, denn es wurde bereits sechsmal verfilmt. Der Inhalt ist schnell erzählt und basiert auf den Erlebnissen eines Onkels von Branco. Simon und Theresa verlieben sich – die Familien sind verfeindet – beide werden getrennt. Für sie heißt es „ab ins Kloster", für ihn wartet, nachdem er ihren Onkel getötet hat, das Gefängnis in Porto. Am Ende sind alle tot. Ein wahres Drama, das ein wenig „Romeo und Julia"-Feeling mitbringt. In Camilo Brancos eigener Lebensgeschichte geht es nicht ganz so dramatisch zu wie in „Das Verhängnis der Liebe", so der deutsche Titel, sondern endet mit einem Happy End. Nachdem Anas Ehemann gestorben war, zogen beide zusammen, bekamen Kinder und heirateten sogar noch ein Jahr vor Camilos Tod.

Vielleicht wurde ihr Liebesglück auch fotografisch festgehalten. Dann könnte es im nationalen Fotografie-Archiv, das sich im heutigen Fotografie-Museum befindet, archiviert sein. Denn hier, wie früher die Schwerverbrecher, wird das fotografische Erbe Portugals ver- und bewahrt. Zusätzlich gibt es noch wechselnde Ausstellungen von überwiegend heimischen Künstlern sowie eine Dauerausstellung mit historischen Fotoapparaten aus verschiedenen Epochen. Beides kann, Sparfüchse macht dies glücklich, kostenlos besucht werden.

- Centro Português de Fotografia, Campo dos Mártires da Pátria, 4050-368 Porto, Tel. +351 220 04 63 00, cpf.pt
- ÖPNV: Bus 200, 201, 207, 208, 301, Haltestelle Cordoaria, etwa 200 Meter zu Fuß

Fast vergessenes Grün

42 Der Parque das Virtudes im Stadtteil Miragaia

Einer der malerischsten Stadtteile Portos, neben dem Altstadtviertel Ribeira, ist sicher Miragaia. Immer wieder bieten die hügeligen Teile des Viertels herrliche Ausblicke auf den Douro. Die beste Sicht über die ganze Stadt, nahezu in alle Richtungen, hat man am höchsten Punkt von Miragaia im Parque das Virtudes. Der Park der Tugenden, wie er übersetzt heißt, liegt unweit des Torre dos Clérigos und befindet sich auf dem Gelände der ehemaligen Gartenbaugesellschaft Portos. 1965 kaufte ihn die Stadt Porto auf, um ihn 1998 wiederherzustellen. Vielleicht liegt es auch daran, dass sich diese besondere Parkanlage noch immer etwas im Dornröschenschlaf befindet, was natürlich für Insider ein wahrer Glücksfall ist. Ganz sicher tragen aber auch die zwei etwas versteckten unscheinbaren Eingänge dazu bei, dass selbst Einheimische den Weg zum fast vergessenen Grün Portos nicht finden. Man kann durch den Park bequem von oben nach unten spazieren, wenn man den Eingang hinter dem Justizpalast in der Rua de Azevedo de Albuquerque nimmt und den Park am anderen Eingang in der Calçada das Virtudes wieder verlässt. In umgekehrter Reihenfolge ist der Spaziergang deutlich schweißtreibender.

So langsam erobert sich der Parque das Virtudes Stück für Stück seinen Platz in den Herzen der Portuenser zurück. Dies liegt sicher auch an seiner einzigartigen Gestaltung, für die der Landschaftsgärtner José Marques Loureiro verantwortlich ist. Er wählte eine terrassenförmige Anlage, schuf somit einen vertikalen Garten am Hang und nutzte die Fläche in der Höhe. Damit hat man von jeder Ebene aus einen fantastisch schönen Ausblick. Neben Weitsicht bietet der Park auch jede Menge florale Einsichten. Unterschiedliche exotische Pflanzen, wie Palmen oder Magnolien, sorgen für eine üppige Vegetation und die zahlreichen hochgewachsenen Bäume bieten genügend schattige Plätze. Ein besonderer Baum versteckt sich ebenfalls auf dem Gelände: ein mehr als 200 Jahre alter chinesischer Ginkgo. Mit einer Höhe von über 35 Metern ist er der größte seiner Art in Portugal und sicherlich auch in Europa.

- Parque das Virtudes, Rua de Azevedo de Albuquerque, 4050-076 Porto
- ÖPNV: Bus 703, 801, Haltestelle Cordoaria

Kleines Stück vom Glück

43 Am Quiosque Chalé Suisso eine Pause machen

Was in Deutschland der Kiosk, ist in Portugal der Quiosque. Auf vielen größeren und auch kleineren Plätzen in Lissabon und Porto stehen diese Miniaturlädchen. Ende des 19. Jahrhunderts schossen die kleinen Gewerbeflächen an den wichtigsten Stellen der Stadt aus dem Boden. Im Angebot der vieleckigen Pavillons, die sich schnell als öffentlicher Treffpunkt etablierten, waren Erfrischungen, warme Getränke und kleinere Snacks. Genauso konnte man dort seine tägliche Zeitung, etwas Tabak oder aber für das kleine Stück vom Glück ein Lotterielos erwerben.
Nach französischem Vorbild wurden die reich verzierten Eisenpavillons in Rot, Grün, Gelb oder Blau, manchmal ein wenig orientalisch geprägt, häufig im Jugendstil errichtet. In ihrer Form und ihrem Aufbau waren die winzigen Geschäfte nahezu gleich. Ein meist oktogonaler Grundkörper mit einer in ihrer Form variierenden Kuppel samt umlaufendem Vordach obendrauf ist mit mehreren Öffnungen versehen, die aufgeklappt werden können. Vor diesen Verkaufsöffnungen verläuft meistens eine schmale Theke. Der Kiosk und seine Kunden werden häufig zusätzlich zu den aufgeklappten Fenstern mit einer Markise vor Sonne oder Regen geschützt. Heute sind fast alle historischen Originale verschwunden, verrostet und eingemottet als lästiges Relikt einer längst vergangenen Zeit. Nur noch wenige von ihnen sind erhalten, wie zum Beispiel der Quiosque Japonêse am Largo de Mompilher oder der Quiosque da Ramadinha am Praça Carlos Alberto. Sie wurden ab den 1980er-Jahren sorgsam restauriert und manche mit neuem Konzept an ihren ursprünglichen Standorten, vor allem im Rahmen der Sanierung von Plätzen und Parks, wiedereröffnet. Letzteres gilt auch für den Quiosque im Jardim do Passeio Alegre. Dem Chalé Suisso, einem etwas größeren Exemplar seiner Gattung, wurde als kleine Snack-Bar wieder liebevoll neues Leben eingehaucht. Wo sich früher eher Arbeiter und Kleinbürger auf einen günstigen Kaffee trafen oder eben auf ihr Los-Glück hofften, versammeln sich heute Junge, Alte, Hipster und Touristen, um den Tag bei einem Drink mit einem Toast auf das Glück und auf das Leben zu beschließen.

- Quiosque Chalé Suisso, Rua do Passeio Alegre, 900, 4150-574 Porto
- ÖPNV: Bus 500, Haltestelle Passeio Alegre

Schlechte Angewohnheiten

44 Alternativkultur erleben im Maus Hábitos

Der Abend naht und das Nachtleben in Porto wartet darauf, entdeckt zu werden. Natürlich konkurrieren zahlreiche Möglichkeiten um das geneigte „Feierbiest“ und wollen es in ihren Bann ziehen. Eine dieser Möglichkeiten versteckt sich im vierten Stock eines ganz normalen Innenstadthauses. Im Maus Hábitos ist das Epizentrum der Alternativkultur Portos zu finden. Was einen dort erwartet, lässt sich nur sehr schwer zusammenfassen. Die Kulturbar will sich auch bewusst nicht einordnen lassen. Mit dem Aufzug oder über die Treppen geht es nach oben, danach fängt die Mystik dieses Ortes den Besucher ein und man befindet sich in Sachen Underground-Kunst im wahrsten Sinne des Wortes auf der Höhe der Zeit. Das Maus Hábitos ist ein Ort der Unangepasstheit, an dem trendige Konzerte, DJ-Sets und Kunstaktionen stattfinden. Dies alles hat es zum Klassiker innerhalb Portos Subkultur werden lassen.

Im schönen Innenhof und auf einer schönen Terrasse kann man gemütlich abhängen und gediegen mal „sein Leben chillen“. Falls man davon Hunger bekommt, kann man diesen vor Ort im Restaurant Vicios da Mesa stillen. Neben Pizzen und Salaten, übrigens auch in der veganen Variante, kann man aus dem vierten Stockwerk auch den Blick auf Portos Straßen und das Coliseu, ein Theater- und Konzerthaus im Art-déco-Stil, genießen. Vielleicht hat man aber auch Lust, sich endlich mal wieder so richtig die Seele aus dem Leib zu tanzen. Die Möglichkeit besteht hier immer, doch ganz besonders in den regelmäßig stattfindenden Lindy-Hop-Nächten. Danach geht es nahtlos weiter mit dem Feiern. Eine gemütliche Lounge-Bar, die übrigens zu den besten in Porto gehört, lockt meist mit guter Live-Musik und kühlen Drinks. Also nur zu, ganz nach dem Motto „Hier bin ich Mensch, hier darf ich sein“ in Portos Subkultur eintauchen und die schlechten Angewohnheiten, das bedeutet Maus Hábitos auf Deutsch, in ihrer bunten Vielfalt genießen.

● Maus Hábitos, Rua Passos Manuel, 178, 4°, 4000-382 Porto
www.maushabitos.com
● ÖPNV: Bus 302, Haltestelle Coliseu do Porto

Müllschatz

45 Kunstwerke in Vila Nova de Gaia

Streift man durch die Gassen von Porto und Gaia, trifft man immer wieder auf Street-Art in ganz unterschiedlicher Umsetzung. Mal klein, mal riesig, entweder aus unterschiedlichsten Materialien oder einfach aus Farbe aufgesprüht. Nicht zu übersehen ist die gigantische Figur auf einer Häuserwand in einer der ruhigen Straßen von Vila Nova de Gaia. Ein überdimensionales Kaninchen blickt die Passanten an. Die Skulptur wurde vom portugiesischen Künstler Bordalo II so auf dem Gebäude platziert, dass der Hase scheinbar in zwei Hälften geteilt ist. Die rechte Seite ist mehrfarbig koloriert, wohingegen die linke Seite unbemalt ist. Dies führte zum Namen des Kunstwerkes „Half Rabbit". Wenn man nun den Rabbit genauer betrachtet, fällt einem auf, dass dieser aus Materialien wie Metallteilen, Straßenschildern oder Plastikbehältern gefertigt wurde. Man könnte auch sagen und läge damit richtig: aus Schrott und Müll. Bordalo II, der 1987 in der portugiesischen Hauptstadt Lissabon geboren wurde, ist dafür bekannt, Kunst aus Altmaterialien und Restabfallstoffen zu entwickeln. Alles fing damit an, dass sich der junge Portugiese, mit bürgerlichem Namen Artur Bordalo, immer mehr über die stetig steigende Müllproduktion der Gesellschaft ärgerte. So sammelte er Schrott und Müll von der Straße, illegalen und legalen Schrottplätzen oder in Wäldern und an Stränden. Aus seinen Funden, die er für sich als Schatz bezeichnet, kreiert er übergroße Tierinstallationen, wie auch den „Half Rabbit", unter seinem Künstlernamen Bordalo II.
Mit diesen sogenannten „Trash Animals" (Mülltieren) möchte der junge Künstler die Gesellschaft für das Thema Umweltverschmutzung und die Bedrohung der Lebensräume der dargestellten Tiere sensibilisieren. Bordalo wählt bewusst fast nur einheimische Tiere wie den Hasen aus, um der Bevölkerung die Probleme vor der eigenen Tür zu verdeutlichen. In Lissabon, seiner künstlerischen Heimatstadt, findet man seine Kunstwerke fast an jeder Straßenecke. Inzwischen ist Bordalo II so gefragt, dass er Einladungen nach Südamerika oder in die USA erhält.

● „Half Rabbit", Rua Guilherme Gomes Fernandes, 42, 4400-266 Vila Nova de Gaia
● ÖPNV: Bus 900G, Haltestelle Caves Vinho Porto

Mit der Metro an den Strand

46 Der Praia Brava in Vila do Conde

Der Strand von Vila do Conde besteht aus einem langen, fast ununterbrochenen Sandstreifen, der sich auf einer Strecke von fast 6 Kilometern bis zur Ave-Mündung ausdehnt und sich aus mehreren unterschiedlichen Stränden zusammensetzt. Es ist ein wunderschöner Ort, um sich zu entspannen und die Seele baumeln zu lassen. Einer der Strände wird Praia Brava, auf Portugiesisch der wilde Strand, genannt – genau das richtige Wort für diese sandige, wilde Schönheit. Die Stadt Vila do Conde circa 25 Kilometer nördlich von Porto direkt am Atlantik ist trotz der Entfernung sehr bequem mit der Metro zu erreichen.
Ein Kurztrip nach Vila do Conde ist eine gute Alternative für heiße Tage, an denen Porto und seine Stadtstrände vor Besuchern aus allen Nähten platzen, oder wenn man einfach einen entspannten Strandtag abseits der Metropole verbringen möchte. Von der Haltestelle Vila do Conde aus geht es zu Fuß nur 15 bis 20 Minuten nach Westen, bis man den langen und breiten Sandstrand erreicht. Am Strand angekommen, biegt man am besten nach links ab und schlendert noch einige Minuten am kilometerlangen Strand nach Süden in Richtung Porto, bis man auf das Flussufer des Rio Ave stößt, der hier ins Meer fließt. Je weiter südlicher man schlendert, desto ruhiger und beschaulicher wird der Praia Brava. Jeder findet das für sich passende chillige Plätzchen, um vor sich hin zu dösen. Beachparty oder Strandsausen muss hier keiner befürchten, wer die sucht, ist im Nachbarstädtchen Póvoa Varzim deutlich besser bedient.
Bevor es wieder mit der Metro zurück nach Porto geht, reicht die Zeit noch aus, um die drei architektonischen Highlights zu besichtigen. Dazu zählen der Convento Santa Clara und die Kirche im Stadtzentrum mit ihrem Portal im munuelinischen Stil. Der definitive Höhepunkt ist jedoch das 5 Kilometer lange Aquädukt aus Granit. Das Bauwerk zieht sich durch die ganze Stadt und versorgte früher das Kloster mit Wasser. Solche von Menschenhand geschaffenen architektonischen Meisterleistungen hinterlassen selbst nach einem erholten Strandtag einen gewaltigen Eindruck.

- Praia Brava, Avenida do Brasil, 4480-659 Vila do Conde
- ÖPNV: U-Bahn-Linie B oder B Expresso (rot), Haltestelle Vila do Conde, etwa 1,5 Kilometer zu Fuß

Originelle Mitbringsel

47 Unikate aus der Vintage-Markthalle Armazém

Wer kennt sie nicht, die lustigen Kühlschrankmagnete, Aufkleber, Figürchen oder sonst irgendeinen touristischen Nippes, den es in den Urlaubsdestinationen zur Genüge zu kaufen gibt. Das gilt natürlich auch für Porto. Klar, man kann auch einfach eine leckere Flasche Portwein zur Erinnerung und zum Konsum oder als Geschenk mitnehmen. Doch seit 2005 existiert hier eine deutlich originellere Variante des typischen Andenkenladens. In der Vintage-Markhalle Armazém findet man auf alle Fälle ein originelles Mitbringsel für die Daheimgebliebenen oder für sich selbst. In der etwas versteckten Lagerhalle, das bedeutet Armazém übersetzt, warten mehrere Antiquitäten- und Trödelläden darauf, nach dem ausgefallensten Stück durchforstet zu werden.

Die etwas andere Markthalle vereinigt so unter einem Dach ein großes Angebot, angefangen bei Vintage-Alltagsgegenständen bis hin zu Skurrilitäten. So liegen neben alten Klaviernoten, die in einem Archiv besser aufgehoben wären, leicht vergilbte Schwarz-Weiß-Fotos und kultige Actionfiguren oder es hängen uralte Leder-Boxhandschuhe an einem historischen Kristallleuchter. Mit etwas Glück spürt man hier vielleicht sein ganz persönliches Schätzchen auf, das sich gut in der Sammlung der Reise-Erinnerungen macht und als Preziose heraussticht. Es finden sich aber auch größere Ausstellungstücke im Armazém wie zum Beispiel Möbel, Teppiche und allerhand aus aller Welt. Außerdem lässt es sich herrlich in einem Café im Außenbereich entspannen. Auf gemütlichen Paletten-Sofas genießt man einen Wein oder die Zeit der Ruhe im wuseligen Porto. Im hinteren Bereich des Gebäudes, das früher ein Weinlager war, befindet sich eine Galerie, in der Kunstwerke ausgestellt werden. Hier finden zusätzlich immer wieder Veranstaltungen statt. Raquel e Batata Cerqueira Gomes schuf mit seinem Armazém aus einer Lagerhalle einen ganz besonderen, ja fast kuriosen Ort, den man sich nicht entgehen lassen sollte.

- Armazém, Rua de Miragaia, 93, 4050-387 Porto, www.armazemporto.com
- ÖPNV: Straßenbahnlinie 1, Haltestelle Alfândega, etwa 200 Meter zu Fuß

Eu e Elas Antiguidades

Im Höhenrausch

48 Abenteuerlicher Ausblick von der Ponte da Arrábida

Die zahlreichen Brücken, die Porto über den Douro mit Vila Nova de Gaia verbinden, sind charakteristisch für die nordportugiesische Stadt. Die Ponte Dom Luíz I. ist zweifellos die bekannteste. Jedoch hat auch die Ponte da Arrábida, die nach dem angrenzenden Stadtteil Portos benannt wurde, architektonisch einiges zu bieten und wurde als Baudenkmal eingestuft. Die 1963 fertiggestellte Brücke, die letzte, die den Douro vor seiner Mündung in den Atlantik überquert, ist die erste größere Brücke „made in Portugal". Denn sie wurde vollständig von portugiesischen Ingenieuren und Unternehmen geplant und gebaut. Mit einer Spannweite von 270 Metern war sie zur Zeit ihrer Fertigstellung die größte Stahlbeton-Bogenbrücke der Welt. Insgesamt ist die von Edgar Cardoso entworfene Ponte da Arrábida 493 Meter lang, 26,5 Meter breit und liegt 70 Meter über dem Wasserspiegel. Anfänglich hatte sie zwei Fahrspuren und beidseits einen Rad- und Gehweg, die durch einen Betonstreifen voneinander getrennt waren. Fußgänger konnten vom Ufer aus durch Aufzüge in den Türmen neben dem Brückenbogen auf die Brücke gelangen. Mittlerweile ist die Autobahnbrücke sechsspurig ausgebaut und für Fußgänger ist kein Platz mehr. Die Aufzüge sind somit außer Betrieb und existieren nicht mehr. An den Aufzugsmaschinenräumen auf der Brücke sind weiterhin unverändert die 5 Meter hohen Bronzereliefs von Barata Feyo und Gustavo Bastos zu sehen, die Allegorien über die Gastfreundschaft der Stadt Porto und die Beziehung des Menschen zu den Flussläufen darstellen.

Man hat von der Ponte da Arrábida einen atemberaubenden Blick auf die Landschaft und den Fluss. Gut, dass es seit 2016 möglich ist, diesen Ausblick auch wieder von dort zu genießen. Abenteuerlust und Schwindelfreiheit vorausgesetzt, kann man den Brückenbogen über 262 Stufen besteigen. Mit passender Sicherheitsausrüstung und einem Führer geht es nach Anmeldung entsprechend gesichert daran, die Ponte da Arrábida zu erklimmen. Auf geht´s! Wir sehen uns oben!

TIPP
Die letzte Führung buchen, dann erlebt man den Sonnenuntergang dort oben!

● Ponte da Arrábida, Rua do Ouro, 680, 4150-553 Porto, www.portobridgeclimb.com ● ÖPNV: Straßenbahnlinie 1, Haltestelle Ponte Arrábida

Seefahrerglück

49 Ausflug zu Portos Leuchttürmen nach Foz do Douro

Die Geschichte Portugals ist fest mit dem Meer verwoben. Es machte das Land zu einer Seefahrernation und auch Kolonialmacht im 15. und 16. Jahrhundert. Zur besseren Orientierung wurden bereits damals in Küstennähe Leuchtfeuer entzündet und später Leuchttürme gebaut. Kein Wunder, dass an der Küste Portugals auch heute noch einige Leuchttürme zu finden sind, die bereits damals die Seefahrer sicher in den Hafen geleiteten.

In Foz do Douro stehen gleich vier davon. Da wäre zum einen mit dem Capela-Farol de São Miguel-o-Anjo der älteste existierende Leuchtturm in Portugal. Im Auftrag des späteren Bischofs von Viseu, Don Miguel da Silva, wurde er 1527 erbaut. Dies ist durch eine lateinische Inschrift an der zum Fluss zugewandten Seite belegt. Gleichzeitig war dieser Leuchtturm jedoch auch eine Kapelle. Dies lässt sich sehr gut in seinem Inneren erkennen. In einigen Nischen hingen Heiligenbilder und einen barocken Altar soll es ebenfalls hier gegeben haben. Vor der Leuchtturmkapelle steht mit dem im Jahr 1915 errichteten Farolim da Cantareira die modernere Wachablösung. Der dritte, der Farolim de Felgueiras mit seiner roten Spitze, wurde 1886 erbaut. Er sendete bis zu seiner Stilllegung im Jahr 2009 ein Leuchtfeuer mit einer Reichweite von neun Seemeilen, was fast 17 Kilometern entspricht, und gab alle fünf Sekunden einen roten Blitz ab.

Ihn und den vierten im Bunde kann man etwa 1 Kilometer westlich direkt an der Douro-Mündung entdecken. Die Molhe de Douro, an deren Spitze der rot gestreifte Farol da Barra do Douro steht, ragt mit einer Gesamtfläche von 9000 Quadratmetern etwa 600 Meter ins Meer hinein. Für diesen Wellenbrecher wurden mehr als 65.000 Kubikmeter Beton und 2500 Tonnen Stahl verbaut. Wenn man darauf entlangspaziert und die tosende Wildheit des Atlantiks spürt, das Salz des Meeres riecht und schmeckt und man die leichte Feuchtigkeit der Gischt auf der Haut spürt, dann kann man sich den Kopf mal so richtig freiblasen lassen und sich genauso glücklich fühlen wie die Seefahrer, die damals heil den Heimathafen erreicht haben.

- Farolim da Cantareira, Rua do Passeio Alegre, 494, 4150-572 Porto
- ÖPNV: Straßenbahnlinie 1, 18, Haltestelle Passeio Alegre

Endstation Sehnsucht

50

Die Endstation der Seilbahn am Jardim do Morro

Wer über die obere Etage der Ponte Dom Luís I. die Innenstadt verlässt, kommt auf der anderen Seite des Douro fast direkt im Jardim do Morro an. Gleiches gilt übrigens auch für Seilbahnfahrer, die unten in Gaia starten und oben anlanden. In beiden Fällen heißt es: Endstation Sehnsucht erreicht. Denn von hier oben hat man einen traumhaften Blick auf Porto. Gerade bei Sonnenuntergang sollte man es sich hier mit einer Flasche Port oder Wein und ein paar Snacks auf dem Boden oder auf den Bänken bequem machen, einfach den Augenblick genießen und ins Träumen geraten. Ist das nicht wahres Glück? Noch größeres Glück ist es, wenn dann noch dazu Musiker ein paar ruhige, entspannte Songs spielen und dem ganzen Moment das imaginäre Sahnehäubchen aufsetzen. Genau das passiert hier durchaus schon mal öfter, denn der Park wird ebenfalls sehr gerne von Einheimischen besucht und es finden regelmäßig Konzerte statt. Übrigens, wer sich spontan entscheidet, diesem besonderen Ort einen Besuch abzustatten, kann auch an mobilen Bars das passende kühle Getränk und einen schmackhaften Happen schnappen.

TIPP

Am Abend finden regelmäßig Liveshows in einem Musikpavillon statt.

Der Jardim do Morro wurde bereits 1927 gleich unterhalb am Fuße des Mosteiro da Serra do Pilar angelegt. 2016 wurde er saniert und dabei in seine jetzige Form gebracht. Neben viel Rasenfläche und üppiger Vegetation mit einer großen Pflanzenvielfalt bietet der bereits erwähnte Aussichtspunkt auch Betonbänke, die im Stile eines Amphitheaters im Halbkreis und leicht abfallend ausgerichtet sind. Somit ist im Normalfall immer ein freies Plätzchen zu finden, um die Sonnenuntergangsshow zu genießen. Außerdem gibt es in diesem Park noch einen romantischen See, an dem sich bereits zur Mittagszeit unter schattigem Grün die Berufstätigen zur gemeinsamen Pause verabreden. Alles in allem bietet der Garten am Ende der Seilbahn sowohl etwas fürs Auge und Ohr als auch fürs Herz, sodass jegliche Sehnsucht gestillt werden kann.

- Jardim do Morro, 4430-210 Vila Nova de Gaia
- ÖPNV: U-Bahn-Linie D (gelb), Haltestelle Jardim do Morro

Am seidenen Faden

51 Im Teatro de Marionetas die Puppen tanzen lassen

Wer erinnert sich nicht noch an das Kasperltheater oder die Augsburger Puppenkiste? Sobald die Handpuppen oder Marionetten zum Leben erweckt wurden und die Bühne betraten, nahm das Spiel seinen Lauf. Man wurde als Kind ganz still, folgte gebannt, ja fast staunend den Figuren und fieberte mit dem Kasper mit, dass er nicht vom Krokodil gefressen wurde. Oder man hoffte darauf, dass Jim Knopf und Lukas das nächste Abenteuer überstehen werden, obwohl alles wieder am sprichwörtlich seidenen Faden hing. In Porto kann man sich im Teatro de Marionetas auf einen Ausflug in die eigene Kindheit begeben. Das Marionettentheater, 1988 von João Paulo Seara Cardoso, einem sehr bekannten portugiesischen Puppenspieler, gegründet, erweckt die Puppen in ganz unterschiedlichen Geschichten zum Leben: von Cinderella bis zu gewaltfreien politischen Stücken.

Direkt neben dem Theater gibt es eine weitere Möglichkeit, in Kindheitserinnerungen zu schwelgen. 2013, drei Jahre nach dem Tod Cardosos, wurde dessen großer Traum mit einem kleinen, charmanten Marionettenmuseum Wirklichkeit. Zum Gedenken an den großen Cardoso wird sein Wirken in einer dauerhaften Ausstellung gewürdigt. Während des gesamten Besuchs des Museums steht die Geschichte des Teatro de Marionetas do Porto und seiner beeindruckenden Theaterstücke im Mittelpunkt. Jede einzelne Puppe, auch wenn sie jetzt schon im Ruhestand ist, steht hier weiterhin im Rampenlicht und erzählt ihre ganz eigene Lebensgeschichte. Video-Einspielungen der dazugehörigen Stücke schildern diese multimedial. Hier kann man auch sein eigenes kleines Stück aufführen, indem man die extra dafür ausgestellten Marionetten nutzt. So lässt man seiner Fantasie freien Lauf, taucht dabei in eine imaginäre Welt ein und lässt mal alle Puppen nach seiner Pfeife tanzen. Vielleicht erwischt man sich auch dabei, sich wieder einmal als Kind zu fühlen und ohne gedankliche Schranken einfach Spaß zu haben.

● Teatro & Museu de Marionetas do Porto, Rua de Belomonte, 57/61, 4050-097 Porto, Tel. +351 222 08 33 41, www.marionetasdoporto.pt
● ÖPNV: Bus 1M, 500, 900P, Haltestelle Mercado Ferreira Borges, etwa 350 Meter zu Fuß

Süße Verheißung

52

Berliner in der Confeitaria Nandinha

Laut schreiende Verkäufer in meist auffallender Bekleidung ziehen im Sommer an portugiesischen Stränden mit ihren Körben ihre Runden. Sie stapfen durch den heißen Sand, wiederholen immer und immer wieder gebetsartig ihre Rufe und sorgen damit für kleine Menschentrauben. Doch es handelt sich hierbei nicht etwa um einen Eismann oder Getränkeverkäufer, sondern sie bieten ein besonderes süßes Gebäck feil, das man in Deutschland als Berliner kennt. Die „Bolas de Berlim" erfreuen sich bei Portugiesen an sommerlichen Strandtagen großer Beliebtheit. Sie sind mit oder auch ohne Füllung bei den Sonnenbadenden heiß begehrt und gehören einfach wie das Rauschen des Meeres zu einem Tag am Atlantik.

Bei den Bolas handelt sich um einen deutschen Import. Eine deutsche Jüdin brachte auf ihrer Flucht das Rezept der Berliner mit nach Portugal und fing an, da sie sonst keiner Beschäftigung nachgehen durfte, diese erst nur in der Nachbarschaft, dann später in größerem Umfang an Exil-Deutsche zu verkaufen. Nachdem auch immer mehr Portugiesen die Berliner lieben lernten, stellten schließlich auch portugiesische Bäckereien das süße Naschwerk her. Der übersetzte Name „Bolas de Berlim" blieb bestehen, die deutsche Marmeladenfüllung musste einer typisch portugiesischen Vanillecreme, der Creme pasteleiro, weichen. Ein weiterer Unterschied zum deutschen Berliner ist eine offene Seite, aus der die verführerische Creme herausquillt. Die Erfolgsstory nahm ihren Lauf und die Bolas wurden landesweit zum Verkaufsschlager. Bis heute halten die Portugiesen an dieser Tradition fest und viele von ihnen kaufen bereits auf dem Weg zum Strand ein paar der Berliner ein.

Über Geschmack lässt sich bekanntlich wunderbar streiten, dennoch sagt man, dass die Bolas de Berlim in der Confeitaria Nandinha ganz besonders gut schmecken. Viele behaupten sogar, dass bei einem Biss in einen dieser Berliner sofort Kindheitserinnerungen wach werden, die getragen werden von der köstlichen Vermischung salziger Meeresluft mit dem süßen Duft der frittierten Köstlichkeit.

- Confeitaria Nandinha, Rua de Serpa Pinto, 74, 4050-582 Porto
- ÖPNV: Bus 302, 402, Haltestelle Marracuene

Grüne Lunge

53

Der Parque da Cidade do Porto im Norden der Stadt

In einer Metropole wie Porto gibt es unterschiedliche Stadtparks aus verschiedenen Epochen. Mit insgesamt 83 Hektar ist der Parque da Cidade do Porto, der Stadtpark, nicht nur Portos größter grüner Fleck, sondern auch der größte Stadtpark Portugals. Im Norden der Stadt, am Ende der Avenida da Boavista, liegt Portos grüne Lunge, die sich von Matosinhos bis zur historische Festung Forte de São Francisco Xavier am Atlantik erstreckt. Bereits in den 1960er-Jahren vom Landschaftsarchitekten Sidónio Pardal geplant, fand die Einweihung des Stadtparks erst 1993 nach Abschluss des ersten Bauabschnittes statt. Komplett fertiggestellt wurde der Park mit „Strandanschluss“ erst 2002. Absolutes Highlight ist hierbei die Sicht auf den Atlantik.

Wirft man einen Blick in die Parklandschaft, die sehr natürlich angelegt ist, gibt es eine riesige Vielfalt an Flora und Fauna, darunter Enten, Gänse oder Kaninchen zu entdecken. Nicht umsonst wurde der Park in Portugal zu den 100 bedeutendsten Werken des 20. Jahrhunderts gewählt. Man kann auf angelegten Wegen, die fast 10 Kilometer umfassen, durch das grüne Kleinod schlendern und entdeckt dabei die idyllische Grün-Landschaft mitten im Herzen Portos.

In diesem Park findet man aufgrund seiner schieren Größe immer ein ruhiges Plätzchen, um abzuschalten oder seinen Gedanken nachzuhängen. Immer wieder laden Sitz- und Erholungsplätze an kleinen Seen zu einer Pause ein. Wer Ruhe, Grün und Entspannung sucht, ist hier also genau richtig. An manchen Abenden sollte man den Park jedoch meiden, denn dann wird diese Stille durch die Geräuschkulisse von Großveranstaltungen durchbrochen. So findet im Parque da Cidade im Juni das „Primavera Sound“, ein Musikfestival, statt, bei dem rund 30.000 Besucher den Park fluten und das Gelände ein ganz andere Atmosphäre bekommt.

● Parque da Cidade do Porto, Estrada Interior da Circunvalação, 4100-083 Porto
www.parquecidadedoporto.com

● ÖPNV: Bus 205, Haltestelle Parque da Cidade

Stairways to heaven

54

Die Passeio das Fontainhas – ein Secret Place

Es sind die noch unbekannten Orte, die einen ganz besonderen Reiz auf uns Menschen ausüben. Orte zu entdecken, geheime Plätze zu finden, die wahren Geheimtipps aufzuspüren, das sind die Geschichten, die man gerne nach seinem Urlaub zum Besten gibt. Außerdem erinnert man sich gemeinsam gerne daran, wie man diesen und jenen Ort abenteuerlich für sich erschlossen hat und was alles auf dem Weg dorthin passiert ist. Wie zum Beispiel der kläffende Hund, der einen verfolgte, oder wie man mutig verbotene und abgesperrte Wege passierte. Man fühlt sich dabei schlagartig in die Kindheit und Jugend zurückkatapultiert, als man sich vielleicht damals genau solche Dinge noch regelmäßig traute.

Dieses Gefühl teilweise zurückzuholen, darum geht es heute an einem dieser „Secret Places" in Porto, einem ganz besonderen Aussichtspunkt, an dem man sicher einen der schönsten Blicke auf die Ponte Dom Luís I. und den darunter fließenden Fluss Douro werfen kann. Die Rede ist von der Passeio das Fontainhas, einer Treppe zum Himmel. Unscheinbar liegt sie zwischen typischen Altstadthäuschen mit ihren orangefarbenen Terrakotta-Dächern und führt zu diesen hinunter. Oberhalb der Treppe scheint man auf einer einmaligen Aussichtsplattform wie im Nichts zu schweben und kann Porto noch einmal aus einer ganz anderen Perspektive betrachten. Selbstverständlich bietet sich diese Treppe auch dazu an, sich selbst in Szene zu setzen und wie so mancher Influencer ein echt „instagrammable" Foto zu schießen. Doch Vorsicht, das weckt Begehrlichkeiten und dieser versteckte Platz könnte dann schnell zum überlaufenden Hotspot werden, wie es bereits öfter bei anderen Geheimtipps der Fall war. Daher der Vorschlag: einfach den himmlischen Moment und traumhaften Ausblick genießen und ihn tief im Kopf und Herzen abspeichern. So kann man sich diesen Augenblick jederzeit zum passenden Zeitpunkt, auch mal ohne Smartphone, vor sein inneres Auge zurückrufen.

- Treppe ins Nichts, Passeio das Fontainhas 86C, 4000-527 Porto
- ÖPNV: Bus 901, 904, 905, 10M, 11M, Haltestelle Batalha

Spiritus Sanctus

55 Ein Abend in der Weinbar im Viertel Cedofeita

Im trendigen Stadtviertel Cedofeita liegt die etwas ungewöhnliche Weinbar Capela Incomum. Ihr Name legt es bereits nahe, sie befindet sich in einer profanierten, das bedeutet entweihten, Kapelle aus dem 19. Jahrhundert. Hier kann man sowohl Wein glas- als auch flaschenweise verkosten und sich quer durch Portugals Anbaugebiete trinken. Als Grundlage für diese genussvollen Anstrengungen, die vor einem liegen, ordert man sich am besten entsprechende Snacks. So gibt es leckere Käse- und Wurstplatten und weitere kleine Gerichte.
Architektonisch wurde in diesem „Weintempel" der klerikale Charme behutsam ins Gesamtkonzept integriert. Die Kanzel, der alte kunstvoll geschnitzte Holzaltar und die Holzdecke mit ihren Buntglasfenstern wurden beibehalten. Nur die Heiligenbilder an den Wänden ersetzte man durch Fotos von Weinstöcken und Winzern. So sitzt man nun neben den neuen „Heiligen" und genießt vielleicht sogar gleichzeitig deren schmackhafte Rebensäfte. All diejenigen, für die es sich seltsam anfühlt, in einer Kapelle Wein zu trinken und etwas zu essen, sollten trotzdem vorbeischauen. Denn selbstverständlich gibt es auch einen kleinen Außenbereich vor dieser ungewöhnlichen Kapelle, so die wörtliche Übersetzung von Capela Incomum. Dort spielen im Sommer meist an den Wochenenden verschiedene Musiker und verwandeln den kleinen Platz in eine Konzerthalle.
Übrigens: Der ursprüngliche Finanzier und Erbauer der Capela, António Lobo Barbosa Teixeira Ferreira Girão, wurde nicht nur von Portugals Königin Maria II. zum 1. Visconde de Vilarinho de São Romão ernannt, sondern war vor allem Experte für Landwirtschaft und Vinifizierung. Wen wundert es da noch, dass er mehrere Bücher über das Thema Wein schrieb. Damit schließt sich der Kreis hier wieder. Somit war eigentlich bereits vorbestimmt, dass an diesem Ort auch weiterhin Wein getrunken werden muss, und man sollte diesen Kreislauf keinesfalls stören. Amen!

- Capela Incomum, Travessa do Carregal, 77, 4050-167 Porto, Tel. +351 936 12 90 50, www.capelaincomum.pt
- ÖPNV: Bus 300, 602, Haltestelle Diogo Brandão, etwa 120 Meter zu Fuß

Natur hautnah

56 Ab Espinho auf dem Dünenwanderweg unterwegs

Eigentlich hat die 10.000-Einwohner-Stadt Espinho wenig Eindrucksvolles zu bieten. Etwa 27 Kilometer südlich von Porto gelegen, ist sie auf den ersten Blick ein typisches Touristenstädtchen, an dessen Strandpromenade sich Hotels, Bars, Restaurants und Verkaufsstände aneinanderreihen. Trotz all des Touri-Nepps ist Espinho ein beliebtes Ausflugziel. Grund dafür ist neben dem breiten goldfarbenen Sandstrand auch der hier startende, über 15 Kilometer lange Dünenwanderweg, der meist auf Holzstegen nordwärts Richtung Porto führt. Es geht gemächlich, fast immer den Atlantik und die kilometerlangen Strände im Blick, vorbei an kleinen Lagunen, in denen Vögel dümpeln, durch üppiges Grün und kleine Wäldchen. Immer wieder laden Strandbars zu kleineren Pausen ein und man kann vielleicht ein paar Surfer dabei beobachten, wie sie gerade waghalsig auf der perfekten Welle reiten. Wer früh genug unterwegs ist und vor neun Uhr durch das kleine Fischerdörfchen Aguda kommt, kann mit etwas Glück die Fischer bei ihrem Tagwerk beobachten. Hier werden die farbenfrohen Fischerboote schon sehnlichst erwartet. Der Fang wird gesichtet und in Plastikwannen sortiert, um ihn dann auf dem örtlichen kleinen Fischmarkt zu verkaufen oder direkt zu den Restaurants abzutransportieren. Kein Wunder, dass hier viele Gerichte wie die Caldeirada, ein für die Gegend typischer Fischeintopf, frisch gefangenen Fisch als Basis haben. Der Duft von gegrilltem Fisch lockt während der Wanderung in eines der kleinen Restaurants mitten in den Dünen. Wer sich dann nach einem guten Essen samt traumhaftem Blick auf Strand und Meer nicht mehr aufraffen kann, braucht kein schlechtes Gewissen zu haben. Denn meist nur wenige Meter vom sandigen Paradies und dem beruhigenden Meeresrauschen entfernt wartet der nächste Bahnhof darauf, den müden Wanderer mit einem der Vorortzüge weniger schweißtreibend, aber voller neuer Eindrücke zurück nach Porto zu bringen.

- Dünenwanderweg ab Praia Azul in Espinho, 4500-368 Espinho
- ÖPNV: ab Bahnhof São Bento Züge Richtung Aveiro bis Bahnhof Espinho, etwa 600 Meter zu Fuß

Glück in Dosen

57 In der Sardinendosenfabrik Pinhais & Cia

Neben dem Kabeljau ist auch de Sardine eng mit Portugal verbandelt. Allein in Matosinhos gab es früher mehr als 50 Sardinenfabriken, in denen ungefähr 6000 Menschen in Brot und Lohn standen. Damit diese mit genügend Fisch versorgt werden konnten, lagen hier rund 200 Fischerboote im Hafen zum Fang bereit. Diese Zeiten sind jedoch längst vorbei. Die meisten dieser Fischer und Fabriken mussten Insolvenz anmelden oder haben den Betrieb eingestellt. Übrig geblieben sind noch zwei Unternehmen dieses traditionsreichen Industriezweiges. Eines davon ist Pinhais & Cia, eine 1920 gegründete Firma, die das „Glück in Dosen" heute noch genauso wie damals produziert.

Wer sich für den Produktionsprozess interessiert, erhält bei einer rund einstündigen Führung Einblick in die einzelnen Arbeitsschritte. Ausschließlich Sardinen, am Morgen frisch vor der portugiesischen Küste gefangen, werden hier bei Pinhais weiterverarbeitet. Bis heute erfolgen alle weiteren der 14 Verarbeitungsschritte in Handarbeit. Im wahrsten Sinne des Wortes liegt somit auch auf der Hand, warum dieses Unternehmen weltweit bei Sardinenfans so beliebt ist. Zuerst werden die Fische von kundiger Hand von Innereien und Köpfen befreit, damit sie später in die Dosen passen, danach werden sie in Grillgitter gepackt in den Ofen geschoben. Schon allein dieser Grillvorgang macht den Unterschied aus, da andere Hersteller heute gerne aus Kostengründen darauf verzichten. Im Anschluss werden sie meist klassisch mit einem Lorbeerblatt, einer Essiggurkenscheibe, Karottenscheiben, einer Gewürznelke und einem Pfefferkorn gewürzt. Wer es pikanter mag, greift zur Sorte, die mit Piri-Piri, einer Chili-Schote, geschärft wurde. Schließlich werden die Sardinen liebevoll und sorgsam in die Dosen gebettet, diese wird dann samt Füllung in bestes portugiesisches Olivenöl getaucht und anschließend verschlossen und sterilisiert. Verkaufsfertig sind die kleinen „Scheißerchen" erst dann, wenn sie in ihre bunte Umverpackung aus Papier geschlüpft sind.

TIPP

Eine Führung durch die Fabrikation buchen und eine persönlich verpackte Sardinendose mit nach Hause nehmen.

- Conserveira Pinhais & Cia, Lda, Avenida Menéres, 700, 4450-189 Matosinhos, Tel. +351 229 38 00 42, www.conservaspinhais.pt
- ÖPNV: U-Bahn-Linie A (blau), Haltestelle Matosinhos Sul

Urbaner Dachgarten

58

Im Jardim das Oliveiras unter Olivenbäumen chillen

Vor ein paar Jahren wäre es verrückt gewesen, diesen Platz in der Nähe des Torre dos Clérigos zu empfehlen. Alles, was es dort gab, war eine schmutzige, heruntergekommene Betonwüste. Doch mit dem Jahr 2013 veränderte sich das Bild komplett. Nachdem diese Region Portos immer mehr zu einem der angesagtesten Teile der Stadt avancierte, wurde der Praça de Lisboa komplett neu gedacht und gestaltet. Als Ergebnis entstand das Open-Air-Einkaufszentrum Passeio dos Clérigos, das als halb offene Galerie mit Geschäften, Restaurants, Cafés und einer Tiefgarage gestaltet wurde. Doch das bezaubernde Geheimnis befindet sich auf dem Dach des Komplexes. Ein neuer, besonderer Rückzugsort in Porto entsprang der Fantasie der Raumplaner. Auf der 4500 Quadratmeter großen Dachfläche plante das kreative Architektur-Team von Balonas & Menano Architects eine Oase mit Olivenbäumen und üppiger Rasenfläche.

Der Hauptgrund, wieso die Architekten auf die Idee mit den Olivenbäumen kamen, liegt eigentlich auf der Hand, wenn man etwas in die Historie dieses Platzes blickt. Im 19. Jahrhundert befand sich an dieser Stelle ein Garten samt altem Stadttor, das damals den Namen Porta da Olival trug. Nun schlagen hier auf dem Jardim das Oliveira, Portos größtem grünen Dach, 50 wunderschöne Exemplare Wurzeln, spenden Schatten und laden zum Chillen darunter ein. Ganz entspannt kann man von hier oben die Schlangen vor der Livraria Lello beobachten, dem Treiben in den Straßen folgen und Energie tanken, um sich vermutlich etwas später wieder selbst hineinzustürzen. Doch vielleicht schlägt man wie die Olivenbäume Wurzeln, lauscht in der Rooftop-Bar Base bei einem eiskalten Superbock oder einem Longdrink dem Set des DJs und genießt einfach diese urbane Grünfläche mitten in der Stadt.

TIPP

Genau hinschauen: Die Fassade des Erdgeschosses erinnert an die Wurzeln eines dicken Olivenbaums.

● Jardim das Oliveiras, Passeio dos Clerigos, Rua das Carmelitas, 151, 4050-163 Porto
● ÖPNV: Bus 507, 601, Haltestelle Cordoaria

Tia Emma

59 Im A Pérola Do Bolhão stöbern

Tante-Emma-Läden dieser Art findet man in Deutschland fast gar nicht mehr. In Portugal würden sie wohl „Tia (= Tante) Emma" heißen. Gerade in Porto existieren noch einige dieser ganz besonderen Krämerläden. In der Nähe des Mercado do Bolhão stößt man auf einen von ihnen und bleibt zuerst einmal fasziniert davor stehen. Die vom Jugendstil inspirierte Fassade, die kunstvoll mit bunten Kacheln bedeckt ist, zeigt unterschiedliche Motive. So gibt es jeweils rechts und links zwei Schriftzüge und zwei Frauen zu entdecken. Wenn man genau hinschaut, erkennt man auch die jeweilige Verbindung. Über dem linken Schaufenster prangt der Schriftzug „Chá", was übersetzt Tee bedeutet, und passend dazu hält die Dame auf der linken Eingangssäule eine Teepflanze in ihrer Hand. Auf der rechten Seite dreht sich sowohl in der Überschrift als auch bei der Pflanze alles um Kaffee.
Meist wird das A Pérola Do Bolhão, bereits 1917 von António Rodrigues Reis gegründet, genau wegen dieser wunderschönen Vorderseite von Touristen belagert, die nur ein Foto schießen wollen. Doch auch hier kommt es auf die inneren Werte an. Wer den Laden betritt, wird von der schieren Auswahl an Produkten überrascht sein. Stück für Stück hat sich das Sortiment dem Zeitgeschmack angepasst. So gibt es mittlerweile neben den einstigen Grundprodukten Tee, Kaffee und Gewürzen nun auch eine Lebensmittelabteilung mit Süßwaren, Feinkost, losen Nüssen und getrockneten Früchten. Dieses Angebot wird durch regionale Wurst- und Schinkenspezialitäten ergänzt und mit Bergkäse sowie portugiesischen Weinen und Likören abgerundet. Kompetent informiert das Personal über jedes Produkt und hat manches Mal noch eine passende Geschichte parat. Eben genau so, wie es früher bei der „Tante Emma" war. Wer sich vom Schauen Appetit geholt hat, findet schnelle, genussvolle Erlösung durch den täglich frisch gegrillten, warmen Spanferkelbraten im Brötchen.

- A Pérola do Bolhão, Rua Formosa, 279, 4000-252 Porto
- ÖPNV: U-Bahn-Linie A (blau), B (rot), Haltestelle Bolhão

SAFARI
VILLA MASSA
MALIBU
MATEUS
AVISO
SUPER BOCK
Coffee Joy
BOLACHAS & Biscoitos
CASEIROS
UNI. DESDE 2.00€

Gezeitenpool

60 Sicher in den Piscina das Marés schwimmen

In Meerwasser zu baden oder zu schwimmen – für viele Menschen macht das einen Urlaub erst so richtig aus. An steilen Felsküsten, an denen man nur unter größter Gefahr ins Wasser gehen kann, gibt es hin und wieder natürliche Pools, die selbst dort dieses Badeerlebnis ermöglichen. Diese in den Felsen entstandenen Becken halten das Wasser auch bei Ebbe zurück. So entstehen an diesen Stellen nicht nur Bademöglichkeiten, sondern auch Lebensräume für einige Meerestiere. In der Nähe von Porto, unweit von Matosinhos, gibt es in der kleinen Gemeinde Leça da Palmeira gleich mehrere dieser Gezeitenpools. Der große Unterschied bei den Becken der Piscina das Marés ist jedoch, dass sie nicht ganz natürlichen Ursprungs sind. In den Jahren 1961 bis 1966 nach Plänen des Architekten Álvaro Siza Vieira errichtet, sind sie so in die natürliche Felsenlandschaft integriert, dass man nicht das Gefühl hat, in einem Betonbecken zu schwimmen. Dies wurde erreicht, indem man dem sehr körnigen Zement etwas zerstoßene Felsen der Küste beimengte.

Terrassiert gebaut, befinden sich in der Poolanlage zwei Bassins und oberhalb davon ein Café, Duschen, Toiletten und Umkleiden. Baden kann man hier nur während der Saison, die von Mitte Juni bis Mitte September geht. Dann wartet das Wasser des Atlantiks, das bei Flut die Becken füllt und leicht angewärmt wird. Geschützt von der tosenden Brandung lässt es sich hier ruhig abhängen und beobachten, wie immer wieder größere Wellen in die Bassins schwappen. Zwischen den Jahren 2019 und 2021 wurde die Piscina das Marés grundlegend renoviert. Für rund 1,3 Millionen Euro wurde neben der Filter- und Sanitäranlage auch die Stahlbetonkonstruktion des Hauptbeckens erneuert, damit auch weiterhin die ungewöhnliche Homogenität von Bauwerk und Landschaft beibehalten werden konnte. Ein wahres Täuschungsmanöver fürs Hirn, weil man sich zwischen zerklüfteten Felsen wähnt. Ein echter Nervenkitzel für Sicherheitsfanatiker, die schon immer mal im tosenden Atlantik schwimmen wollten.

- Piscina das Marés, Avenida Liberdade, 4450-716 Leça da Palmeira
- ÖPNV: Bus 507, Haltestelle Piscina das Marés

Unscheinbare Schönheit

61

Der Palácio da Bolsa

Der von außen unscheinbar wirkende Bau inklusive seines hohen Turms mit vier Uhren, jeweils eine in jede Himmelsrichtung, erinnert eher an ein Verwaltungsgebäude. Doch tatsächlich handelt es sich hierbei um den Palácio da Bolsa (auf Deutsch Börsenpalast), den Sitz der ehemaligen Handelskammer und der ehemaligen Börse der Stadt Porto. Das Grundstück, auf dem einst ein im Miguelistenkrieg zerstörtes Franziskanerkloster stand, stiftete Königin Maria II. der Handelskammer im Jahr 1841. Bereits 1850 war der Kern des neoklassizistischen Gebäudes errichtet worden. Die Fertigstellung des Börsenpalastes dauerte jedoch aufgrund der aufwendigen Innengestaltung noch weitere 60 Jahre.

Dass hier im wahrsten Sinn des Wortes bereits vor der Eröffnung das Geld in Strömen floss, kann man gleich beim Betreten der „Halle der Nationen" des Palastes erahnen. Das Tageslicht fällt durch die riesige Glaskuppel und lässt die prunkvolle Halle in einem ganz besonderen Glanz erscheinen. Geht man über die große Haupttreppe aus edlem Marmor weiter ins Obergeschoss, setzt sich der scheinbar verschwenderische Umgang mit den edelsten Materialien ungebrochen fort. Doch ein Großteil der teilweise vergoldeten Holzverzierungen ist wie in der Buchhandlung Lello aus bemaltem Gips. Wenn man sich dann noch den an die Alhambra in Granada angelehnten „Salão Árabe" anschaut, der von Goncalves des Sousa mit zahlreichen pompösen goldenen Schmuckelementen und aufwendigen Holzmosaiken im maurischen Stil gestaltet wurde, dann ist eines sofort klar: Hier wurde nicht gekleckert, sondern geklotzt! Finanziert wurde der Bau nicht etwa durch König oder Vaterland, sondern durch eine Abgabe, die die Handelskammer ihren Mitgliedern auferlegte. Diese Investition in die Börse hat sich offensichtlich gelohnt und es ist davon auszugehen, dass dadurch sicher keiner der Beteiligten in den Ruin getrieben wurde. Dennoch könnte es sein, dass so mancher mit seinen Spekulationen an der Börse weniger Glück hatte, und wie es in einem Börsenwitz so treffend heißt: „Wie macht man an der Börse ein kleines Vermögen? Indem man ein großes mitbringt!"

- Palácio da Bolsa, Rua de Ferreira Borges, 4050-253 Porto
  www.palaciodabolsa.com
- ÖPNV: Bus 1M, 500, 900P, Haltestelle Mercado Ferreira Borges, etwa 150 Meter zu Fuß

Flüssiger Glücklichmacher

62

Im Niepoort-Portweinkeller in Vila Nova de Gaia

Die Bezeichnung „Porto" für Weine aus dem Dourotal lässt sich erstmals 1678 auf Zolldokumenten nachweisen. Aufgrund der damaligen schlechten Beziehungen zu Frankreich wurden vermehrt englische Kaufleute nach Spanien und Portugal entsandt, um die stetig steigende Weinnachfrage der Briten bedienen zu können. Exportfähiger Wein war zu dieser Zeit rar gesät und geringe Qualität und schlechte hygienische Bedingungen sorgten eher für wenig Trinkfreude. In einem Kloster in der Nähe von Porto sollen die Briten schließlich fündig geworden sein. Der „Priest-Port", wie er genannt wurde, avancierte zum Exportschlager und der 1703 geschlossene Methuenvertrag, der steuerfreie Handelsbeziehungen zwischen England und Portugal regelte, sorgte für eine rasante Nachfrage. Dadurch bedingt sank die Qualität des Portweins und Portugals Premierminister Pombal sah sich gezwungen, 1756 eine Gesellschaft zur Einhaltung von Qualitätskriterien zu initiieren. Damit wurde nicht nur das Anbaugebiet entlang des Douro definiert, sondern es wurden auch Reblagen bewertet und klassifiziert. Dies war die weltweit erste Ursprungsbezeichnung, wie wir sie heute kennen.

Das Besondere am Portwein ist sein Herstellungsverfahren. Nur die besten, per Hand geernteten Trauben werden weiterverarbeitet. Um die wichtigen Gerbstoffe aus den Trauben herauszulösen, werden diese traditionell mit nackten Füßen zerstampft. Sobald die Hälfte des Zuckers zu Alkohol vergoren ist, wird der Prozess durch Zugabe von 77-prozentigem Alkohol gestoppt. Danach reift der Portwein zwei bis drei Jahre im Fass, wird dann in Flaschen gefüllt, in denen er mindestens 20 Jahre weiterruht. Solche Fässer können in zahlreichen Portweinkellern Portos besichtigt werden. Eine besondere, weniger touristische Adresse, die man nur auf Voranmeldung samt gebuchter Probe besuchen kann, ist der alte Portweinkeller des Familienunternehmens Niepoort. Hier taucht man tatsächlich in den historischen Portweinkeller des 1842 durch Franciscus Marius Niepoort gegründeten Unternehmens ein, das sich bereits in der Hand der fünften Generation befindet.

- Niepoort Old Lodge, Rua de Serpa Pinto, 278, 4400-307 Vila Nova de Gaia, Tel. +351 223 77 77 77, www.niepoort.pt
- ÖPNV: Bus 901, 906, Haltestelle Serpa Pinto

VGT
2015/16

Auf historischen Pfaden

63 Spuren der Vergangenheit im Museu Romântico

Wer auf den „Caminhos do Romântico" durch Porto wandelt, darf auf keine romantischen Avancen seiner Begleitung hoffen. Denn die fünf thematischen Routen durch die Stadt wurden mit dem Ziel angelegt, auf Portos Widersprüche im 19. Jahrhundert hinzuweisen. So zeigen die Strecken, wie bürgerlich, ländlich oder industriell Porto an manchen Stellen war, andererseits eben auch, wo es noch Elemente aus der Romantik gibt. Auf der ersten gut ausgeschilderten Route, Porto do Romantismo, die am Kristallpalastgarten startet, geht es genau um diese Epoche. Man folgt der Rua de Entre-Quintas und der Rua da Macieirinha und erreicht schließlich die Casa Tait, ein Herrenhaus aus dem 18. Jahrhundert mit einem kleinen englischen Landschaftsgarten.

Genau gegenüber steht die Quinta da Macierinha, ein Adelshaus aus dem 19. Jahrhundert, in dem das Romantische Museum zu finden ist. Sobald man es betritt, wirkt der besondere Charme der Romantik. Das Haus rekonstruiert den Lebensstil der wohlhabenden Bourgeoisie des 19. Jahrhunderts. Alle Zimmer sind entsprechend der für Porto so charakteristischen Epoche eingerichtet und wunderschön mit passenden Gemälden und Antiquitäten dekoriert. Der größte Teil des Herrenhauses ist für die Öffentlichkeit zugänglich, jedoch nur als Teil einer Führung. Man besichtigt dabei auch die beeindruckendsten Räume des Hauses, wie den großen Salon, eine kleine Kapelle und das Zimmer, in dem ein König starb. Ein toter König? Ach ja, da war noch was: Der Herrscher von Piemont und Sardinien, König Carlos Alberto, lebte einige Jahre in dem Haus, nachdem er von der kaiserlichen österreichischen Armee besiegt worden war und seinen Thron verloren hatte. Er verstarb dort tragisch fern der Heimat 1849 an Tuberkulose. Wenn man abschließend den fantastischen Ausblick von den schön angelegten Gärten auf den Douro und ein Candle-Light-Dinner im dortigen Sterne-Restaurant ANTIQVVM mit Plätzen auf der Terrasse genießt, sorgt das dann doch noch für die romantischen Momente.

- Museu Romântico, Rua de Entre-Quintas, 220, 4050-240 Porto, Tel. +351 226 05 70 32
- ÖPNV: Bus 507, 601, Haltestelle Pálacio, danach dem Caminho do Romântico wie beschrieben folgen

Bifana & Fino

64 Klassisches Fastfood im Conga verspeisen

Was dem Deutschen seine Curry-Wurst, ist dem Portugiesen sein Bifana. Doch was versteckt sich überhaupt hinter diesem auch für Porto typischen Snack? Eigentlich auf den ersten Blick nichts Besonderes: ein Brötchen mit dünn aufgeschnittenem Schweinefleisch. Doch ähnlich wie bei der Francesinha wird auch die Zubereitung dieser Köstlichkeit zelebriert: Das Fleisch wird in einer Sauce aus Bier, Tomaten und so mancher individuellen Geheimzutat mindestens einen Tag lang saftig geschmort. Danach wird ein kleines Brötchen fast bis zum Bersten mit den Fleischschnipseln vollgestopft und sofort serviert. Hierbei kann der Schärfegrad je nach Gusto und Empfinden des Kochs einem schon mal den Schweiß auf die Stirn treiben oder für kurzzeitige Taubheitsgefühle auf den Lippen sorgen. Dem Geschmack tut dies jedoch keinen Abbruch und man tendiert eher dazu, das Bifana in Sekundenschnelle zu verschlingen. Es ist zwar ein einfaches, aber fast süchtig machendes Gericht und so gilt egal zu welcher Tages- oder Nachtzeit: Ein Bifana geht immer. Viele Portuenser meinen deshalb auch: „Wenn du kein Bifana gegessen hast, dann warst du auch nicht in Porto."

Deshalb Obacht! Hier kommt der Ort, der wohl teilweise eines der leckersten Geheimnisse Portos lüften kann: Conga – Casa da Bifanas. Hier pilgert ein Großteil der Einwohner Portos hin, um eines der köstlichen Sandwiches zu verzehren. Manuel Oliveira kehrte aus Angola nach Portugal zurück und eröffnete schließlich 1976 das Conga. Er brachte diese Art der Zubereitung aus der ehemaligen portugiesischen Kolonie mit und servierte das Fleisch in scharfer Sauce. Am Eröffnungstag war er nach 3 Stunden bereits ausverkauft. Mittlerweile führt sein Sohn das Restaurant und hat die Speisekarte vorsichtig erweitert. Doch der Star ist und bleibt das Bifana. In der offenen Küche kann man direkt an der Theke stehend dem Fleisch bei seinem dampfenden Bad in der geheimen Sauce fasziniert zuschauen. Eins ist garantiert: Lange wird es nicht dauern, bis man einen dieser koketten Snacks samt Fino, einem kleinen frisch gezapften Bier, vor sich stehen hat und wahrhaft in Porto angekommen ist.

- Conga – Casa das Bifanas, Rua do Bonjardim, 318, 4000-115 Porto
congacasadasbifanas.negocio.site
- ÖPNV: U-Bahn-Linie D (gelb), Haltestelle Aliados

SUPER
BOCK

Schräge Fahrt

65

Gemütlich aufwärts mit der Standseilbahn Guindais

In einer hügeligen Stadt wie Porto kann man mit öffentlichen Verkehrsmitteln die Höhenunterschiede bequem und ohne Schweiß überwinden. Neben der Seilbahn, Teleférico de Gaia, und dem Elevador da Ribeira gibt es noch eine weitere Möglichkeit, vom Douro-Ufer nach oben zu kommen. Ganz schön schräg führt die Standseilbahn Guindais auf einer 281 Meter langen Strecke vom Flussufer bis zum Praça da Batalha und überwindet dabei 60 Höhenmeter. Die letzten 90 Meter der Gesamtstrecke wird es dunkel, denn es geht durch einen Tunnel. Ansonsten hat man einen herrlichen und unvergesslichen Ausblick aus der Kabine in Richtung der Altstadt von Porto, des Flusstals des Douro, der Ponte Dom Luís I. und des Klosters Serra do Pilar. Die Strecke führt direkt an einer weiteren Sehenswürdigkeit vorbei. Auf der etwa zweiminütigen Fahrt kann man nämlich auch Reste der mittelalterlichen Stadtmauer Fernandina bestaunen.

Die Streckenführung der neuen Bahn aus dem Jahr 2004 basiert auf der historischen Strecke von 1891. Damals galt die Guindais bei ihrer Eröffnung als die steilste Standseilbahn der Welt. Bereits zwei Jahre nach ihrer Jungfernfahrt legte man sie 1893 wieder still, Grund dafür war ein schwerer Unfall. Heute ist die Fahrt mit der gläsernen Gondelbahn bei gleicher Strecke und Aussicht deutlich sicherer. Pro Fahrt können 25 Personen pro Kabine mitfahren, was sich jährlich in zwei Kabinen auf etwas mehr als 3,5 Millionen Fahrgäste summiert. Wenn es von oben nach unten geht, heißt es: gut festhalten, denn die Strecke hat ein Gefälle von bis zu 45 Prozent und zählt auch heute weiterhin zu den steilsten Bahnen der Welt. Wer der Technik nicht traut, sich gerne bewegt oder ein Sparfuchs ist, dem kann geholfen werden. Schließlich führen alternativ, aber deutlich weniger gemütlich die Escadas dos Guindais über 350 Treppenstufen zum Ziel.

- Funicular dos Guindais, Avenida Gustavo Eifel, 314, 4000-509 Porto
- ÖPNV: Bus 403, Haltestelle Elevador Guindais

Kaffeeleidenschaft

66

Im C'alma Coffee eine Auszeit nehmen

Eine Kaffeepause einzulegen, das kann nie schaden. Entweder man bevorzugt ein geschichtsträchtiges Kaffeehaus wie das Café Majestic oder man geht lieber in einen der hipperen Läden, in denen die Kaffeezubereitung wahrlich zelebriert wird. Im C'alma Coffee hat man beides: geschichtsträchtige Räumlichkeiten und Coffee-Culture. Inhaber Renato Andrade hatte nie im Leben daran gedacht, ein solches Café zu eröffnen. Alles veränderte sich, als ihm seine Frau eine Chemex, einen besonderen Design-Kaffeezubereiter für den Handaufguss, schenkte. Ab diesem Zeitpunkt war er vom Kaffee „infiziert". Renato verlor sich quasi im Kaffee-Universum und zelebrierte die Zubereitung des Kaffees. Ihm fiel dabei auf, dass ein solcher Ort, an dem auch andere dem beliebten Heißgetränk huldigen können, in Porto noch nicht existierte. Gesucht und gefunden, das galt sowohl für Renatos neue Passion wie auch wenig später für eine passende Location. In einem über 150 Jahre alten Gebäude ergab sich die Möglichkeit, seine Idee in die Tat umzusetzen. Im Ateneu Comercial do Porto, einem 1869 gegründeten Privatclub, richtete er im Erdgeschoss sein C'alma Coffee ein. Der Raum mit seinen Azulejos, einem Brunnen und seinen Holzintarsien nimmt einen mit auf eine Reise in die Vergangenheit. Früher befand sich hier mit dem Tee Salon der einzige Raum, zu dem die Frauen der männlichen Mitglieder Zutritt hatten. Heute darf hier jeder rein, der einen guten, vielleicht sogar handaufgegossenen Kaffee zu schätzen weiß oder der in dem technisch gut ausgestatteten Café – praktischerweise sind an allen Tischen Steckdosen zu finden – arbeiten möchte. Selbstverständlich gibt es neben Kaffee von kalt bis heiß auch Tee oder andere Erfrischungsgetränke. Wer hier in Ruhe, das bedeutet *calma* auf Deutsch, etwas arbeitet oder seine Zeit genießt und dabei auch noch Kaffee erleben möchte, der ist definitiv am richtigen Ort angekommen und kann sich voll und ganz dem Genuss hingeben.

TIPP

Bei einer Führung eine der größten Privatbibliotheken Portugals bestaunen (www.ateneu-comercialporto.pt).

- C'alma Coffee, Rua de Passos Manuel, 44, 4000-381 Porto
- ÖPNV: Straßenbahnlinie 22, Haltestelle Marcolino Santa Catarina

alma

Fels in der Brandung

67 Die Capela do Senhor da Pedra in Miramar

Von einem mystischen Hauch umgeben, thront ein kleines Kirchlein aus dem 17. Jahrhundert auf einem Felsen und trotzt den wild wogenden Atlantikwellen. Warum es genau an dieser Stelle erbaut wurde, daran scheiden sich die Geister. Drei verschiedene Geschichten ranken sich um die Capela do Senhor da Pedra. Die erste erzählt von einem durch einen Schiffbruch in Not geratenen Menschen, der gottgefügt sanft auf diesem Felsen landete und dann aus Dank die kleine Kirche erbauen ließ. Bei der zweiten Geschichte dreht sich alles um ein Licht, das Nacht für Nacht den Felsen erleuchtete, von den Anwohnern als göttliches Zeichen gedeutet wurde und gottesfürchtig im Kapellenbau 1686 mündete. In der dritten Geschichte spielt schließlich die Christianisierung die tragende Rolle. Denn der riesige Fels soll schon immer eine heidnische Kultstätte gewesen sein. Grund genug, genau an diesem Ort ein Gotteshaus zu errichten und den Heiden zu zeigen, wer der Babo ist.

TIPP

Auf den Felsen bei Sonnenaufgang oder -untergang sitzen und den Blick aufs Meer genießen.

Weniger mystisch als in den drei Erzählungen gehen die Bewohner heute mit der Kapelle um. Sie schreiten bei der jährlichen Wallfahrt zum Gedenken des Senhor da Pedra zwar noch sehr gläubig an den Strand zur Kapelle, beginnen dann dort aber ganz weltlich zu singen, zu tanzen und zu feiern. Es ist auch nicht unbedingt eine Prozession notwendig, um zur Kapelle am Strand der kleinen Küstenstadt Miramar zu gelangen, die nur 10 Kilometer südlich von Porto liegt. Man kann entweder bequem direkt mit dem Zug in knapp 30 Minuten von der Station São Bento mitten in Porto nach Miramar fahren oder man verbindet die Dünenwanderung von oder nach Espinho mit einem Zwischenstopp am herrlichen Strand Praia do Miramar (Badesache nicht vergessen!) und stärkt sich dort in einem der Restaurants oder Cafés. Auf alle Fälle sollte man dann auch die Felsen erkunden, auf denen die Kapelle erbaut ist. Man munkelt, der heidnische Kultplatz werde immer noch aktiv genutzt. Am besten ist es, man spürt der mystischen Stimmung um die Capela do Senhor da Pedra mitten in der Brandung des Atlantischen Ozeans selbst nach.

- Capela do Senhor da Pedra, Alameda do Senhor da Pedra, 4410 Vila Nova de Gaia
- ÖPNV: ab Bahnhof São Bento Züge Richtung Aveiro bis Bahnhof Miramar, etwa 900 Meter zu Fuß

Kreative Nachhaltigkeit

68 Portugiesische Designprodukte im CRU shoppen

Seit 2012 existiert der CRU Creative Hub im Herzen von Porto. Auf etwa 400 Quadratmetern herrscht hier geballte Kreativität, denn mitten im Künstlerviertel Cedofeita bietet CRU nicht nur einen Coworking-Space mit entsprechendem Besprechungs- und Veranstaltungsraum, sondern es befinden sich dort auch Ateliers, Werkstätten, ein Ton- und ein Fotostudio. Hier können sich kreative Medienschaffende, Künstler und Designerinnen vollkommen austoben. Außerdem verwandelt sich ein Teil des Creative Hubs immer wieder, passend zur nahe liegenden Galerie-Meile Rua de Miguel Bombarda, zu einer Galerie, in der die Werke der hier arbeitenden Künstler gezeigt werden. Das Besondere an diesem Schmelztiegel der Kreativität ist jedoch, dass man nicht nur etwas in einer integrierten Kaffeebar trinken, sondern dort außerdem gleich großartige Designprodukte, auch die ausgestellten Kunstwerke, ergattern kann. Dabei wird bei der Auswahl viel Wert darauf gelegt, dass der schöpferische Output von vorwiegend portugiesischen Designern stammt und dass die Produkte fair produziert werden. So findet man im kleinen CRU-Laden ein liebevoll kuratiertes Sortiment, bestehend aus Kleidung, Accessoires, Schuhen, Schmuck, Illustrationen, Pflanzen oder Dekorationsartikeln. Völlig gratis erzählt die Store-Managerin dann noch mit viel Leidenschaft die spannende Story hinter dem jeweiligen Produkt oder Designer. So versteht man die Philosophie des Unternehmens und dessen Antrieb dahinter gleich besser, wie beispielsweise die Geschichte vom Schuhlabel Wayz aus Porto, das ein Prozent seines Umsatzes für die Obdachlosenhilfe in Porto spendet. Nachhaltigkeit und Menschlichkeit werden hier großgeschrieben und man kann sich mit einem Schuhkauf nicht nur selbst glücklich machen.

- CRU Creative Hub, Rua do Rosário, 211, 4050-524 Porto, www.crucreativehub.com
- ÖPNV: Bus 300, 602, Haltestelle Miguel Bombarda, etwa 100 Meter zu Fuß

Planner

Getrocknete Glückseligkeit

69 Im Restaurant Taberna d'Avó Stockfisch kosten

Ein Sprichwort in Portugal behauptet, dass es 365 verschiedene Rezepte für die Zubereitung von Bacalhau gibt. Eben für jeden Tag des Jahres eines. Bacalhau, getrockneter und eingesalzener Kabeljau, darf auf keiner Speisekarte in Portugal fehlen. Der Stockfisch ist einfach Tradition. Früher gehörte er zum Überleben dazu, heute zum guten Essen. Das Interessante an diesem Fisch ist jedoch, dass nicht etwa die Portugiesen die Basis für ihr Nationalgericht legten. Nein, es waren die Nordmänner, die bereits vor mehr als 1000 Jahren zur See fuhren, Fisch fingen und diesen mit Salz konservierten. Das benötigte Salz kam aus Südeuropa, wie zum Beispiel aus Portugal, gelangte auf dem Schiff nach Norden und zurück kam der fertige Stockfisch. Was zuerst als Arme-Leute-Essen galt oder für die Seefahrer als getrocknete Glückseligkeit zur überlebenswichtigen Nahrung avancierte, wurde im 18. Jahrhundert auch vermehrt von den gehobeneren Schichten, gerade in der Fastenzeit, verzehrt. Ein Großteil des Kabeljaus wurde damals wie auch heute importiert und nicht selbst gefangen. Nichtsdestotrotz stieg der Bacalhau mit seinen sprichwörtlich 1000 Zubereitungsmöglichkeiten Ende des 19. und Anfang des 20. Jahrhunderts zum Nationalgericht auf und nimmt seitdem in portugiesischen Kochbüchern und Küchen einen bedeutenden Platz ein.

TIPP

Fun-Fact: Portugal ist mit einem jährlichen Pro-Kopf-Verbrauch von circa 30 Kilogramm Bacalhau weltweit führend.

Gut, in Porto zu sein. Denn die Stadt am Douro ist für ihre traditionellen Bacalhau-Gerichte bekannt. Einige der Rezepte, wie Bacalhau à Zé do Pipo oder Bacalhau à Gomes de Sá, haben hier ihren Ursprung. Wer noch kein Kabeljau-Fan ist, wird es in Porto werden. Der perfekte Ort, um sich ins Bacalhau-Abenteuer zu stürzen, ist das Restaurant Taberna d'Avó. Hier kann man den getrockneten Fisch, der bis zu 24 Stunden zuvor gewässert werden muss, in fast jeder Form genießen. Auch wenn man an diesem Abend nicht alle 365 Zubereitungsarten probieren kann, es wird sicherlich ein köstliches Vergnügen werden.

- Taberna d'Avó, Rua de São Bento da Vitória, 48, 4050-542 Porto, Tel. +351 222 01 21 81 tabernadavo.eatbu.com
- ÖPNV: Bus 703, 801, Haltestelle Cordoaria, etwa 150 Meter zu Fuß

Glaubensglück

70 Devotionalien im Casa Coração de Jesus bestaunen

Wer sich auf Pilgerfahrt begibt oder einen Wallfahrtsort besucht, kommt an klerikalen Erinnerungsstücken nicht vorbei. Hier werden religiöse Gegenstände wie Kreuze, Kruzifixe, Rosenkränze, Heiligenfiguren und -bildnisse, Ikonen oder Andachtsbilder feilgeboten. Für Gläubige sind diese Devotionalien, aus dem Lateinischen von devot für Hingabe oder Frömmigkeit, oft mehr als ein bloßes Souvenir und werden zu ihrem eigentlichen Zweck, der Verehrung Gottes, eingesetzt. Oft erbitten die Gläubigen für diese Devotionalien den kirchlichen Segen als Verstärkung ihres persönlichen Glaubensglücks.
Auch im katholisch geprägten Portugal spielen Devotionalien eine große Rolle, selbst wenn die Relevanz des gelebten Glaubens und die Kirchenbesuche ebenfalls sinkend sind. Einige kirchliche Rituale haben sich trotzdem in den portugiesischen Alltag eingeschlichen und so findet mancherorts der Rosenkranz den Weg über das Ehebett oder die Madonnenfiguren aus Fátima ihren Weg auf den „Hausaltar". Für den kleinen Devotionalienkauf zwischendurch bietet sich in Porto ein Besuch im Casa Coração de Jesus an. In dem 1885 durch Joaquim Melo eröffneten Devotionalienhandel ist innen fast alles unverändert geblieben. Die Holzbalustraden, die verzierte Decke und die prächtigen Buntglasfenster sorgen für eine entsprechende Atmosphäre. In den Vitrinen finden sich Heiligenfiguren oder Rosenkränze. Ebenfalls zu entdecken gibt es kunstvoll mit Stickereien verzierte Priestergewänder und andere Textilien. Mit diesen Produkten startete Melo gemeinsam mit seiner Frau, die als geübte Stickerin galt, sein Unternehmen. Selbstverständlich bleibt auch die mittlerweile vierte Generation der Familientradition treu, auch wenn sie dabei das Sortiment immer wieder leicht anpasst. Schon allein weil es solch scheinbar kuriose Läden nicht überall gibt oder die Produkte dem eigenen Geschmack nicht entsprechen, ist dieses historische Geschäft einen Besuch wert. Wer weiß schon, ob man vielleicht nicht doch noch den Heimweg gemeinsam mit einer Marienfigur antritt. Für das Seelenheil und das Glaubensglück kann es gewiss nicht schaden. Ganz egal, an was man glaubt!

- Casa Coração de Jesus, Rua de Mouzinho da Silveira, 302, 4050-418 Porto, Tel. +351 223 19 51 30
- ÖPNV: U-Bahn-Linie D (gelb), Haltestelle São Bento, etwa 150 Meter zu Fuß

Coole Kunst

71 Street-Art rund um die Metrostation Trindade

Porto gilt mittlerweile als einer der europäischen Hotspots in Sachen Street-Art. Was früher verboten und etwas verrucht war, das passiert mittlerweile immer häufiger ganz offiziell und sogar manchmal gegen Bezahlung. Daher entstehen neben Azulejo-Kunst und Skulpturen aus Müll und anderen Materialien selbstverständlich auch Graffiti-Kunstwerke und zieren das Stadtbild.
Das Who's who der portugiesischen Szene verewigte sich bereits in der Stadt am Douro, wie beispielsweise Bardalo II mit seinem „Half Rabbit". Selbst wenn man nicht gezielt auf der Suche nach solchen Kunstwerken durch die Gassen und Straßen Portos zieht, stößt man automatisch immer wieder auf sie. Zu bewundern gibt es sowohl kleinere Werke als auch großflächige Wandmalereien, sogenannte Murals, an Häuserwänden. Das Parkhaus Parque da Trindade in der Nähe der U-Bahn-Haltestelle Trindade bietet sich wunderbar für eine Entdeckungstour an. An diesem Gebäude haben sich gleich mehrere Künstler kreativ ausgetobt. An der Rua de Fernandes Tomás, die an die Südseite des Parkhauses grenzt, erblickt man eine Dame, die sowohl im Blütenregen steht als auch von mehreren Händen umarmt wird. Ein typisches Motiv der Künstlerin Tamara Alves, die sehr häufig Frauen, dabei oftmals sich selbst, in Kombination mit Flora und Fauna malt. Mit diesem Kunstwerk verweist sie auf die Europäische Säule sozialer Rechte, eine Forderung nach einem gerechteren Leben in der EU. Auf der Nordwand des Parkhauses haben sich gleich zwei waschechte Portuenser verewigt. MrDheo, Jahrgang 1985, brachte bei seinem Werk mit dem Namen „Nobre e Leal", auf Deutsch „Edel und treu", seinen Vater samt Spraydose in der einen und dem Torre dos Clérigos in der anderen Hand an die Wand. Beim zweiten Künstler handelt es sich um Hazul, der hier „Die Unbesiegbare" (A Invicta), wie Porto auch genannt wird, in geometrischen und organischen Formen hinterlassen hat. Wie immer bei Kunst gilt auch hier: Interpretation ist Ansichtssache. So sollte man sich einfach durch die Street-Art-Metropole Porto treiben lassen und genießen.

- Parkhaus Parque da Trindade, Rua de Fernandes Tomás, 936, 4000-541 Porto
- ÖPNV: U-Bahn-Linie A (blau), B (rot), Haltestelle Trindade

S&D

Cremige Leichtigkeit

72 Im Café Miss Pavlova legendäre Torte naschen

„Die Pavlova" ist sowohl eine russische Ballerina wie auch ein himmlischer Kuchen. Was beide verbindet, ist nicht nur der Name, sondern auch die Leichtigkeit und Grazie. Die süße Versuchung in Form einer Torte aus einer Baiser-Masse, die nach dem Backen aufgeschnitten und sowohl mit Sahne als auch Früchten gefüllt und dekoriert wird, wurde anlässlich einer Tournee der Balletttänzerin Anna Pavlova durch Australien und Neuseeland dort vor Ort kreiert. Das Besondere an der Pavlova ist, dass das äußere Baiser fest und knusprig ist, während ihr Inneres hingegen weich bleibt. Kein Wunder, dass sie in beiden Ländern als eines der Nationalgerichte gilt, obwohl definitiv nicht geklärt ist, wer sie erfand. So streiten sich Australien und Neuseeland auch weiterhin über die Urheberschaft am Rezept. Nach der australischen Lesart bereitete der deutschstämmige Küchenchef eines Hotels in Perth 1935 diese Torte zu und ließ sich hierbei von der Leichtigkeit des Tutu der russischen Ballerina anregen. Doch bereits 1927 wurde in Neuseeland der Name Pavlova nachweisbar für eine andere Süßspeise verwendet, die der bekannten Pavlova ähnlich war.

Egal, wer nun den grandiosen Einfall für diese knusprige Sahneschnitte hatte, unstrittig ist, dass man in Porto genau solch eine vernaschen kann. Bei Miss Pavlova, Ana Maio, gibt es die Wirklichkeit gewordenen Knusper-Baiser-Träume in unterschiedlichen Kombinationen und mit unzähligen Toppings gekrönt. Als sie 2013 arbeitslos wurde, machte sie einfach ihre Leidenschaft zum Beruf. Seitdem stellt Ana die Pavlovas mit einer Extraportion Liebe und nur aus natürlichen und frischen Zutaten her. Sie beherrscht das Spiel mit den Texturen und zaubert aus den zwei Gegensätzen knusprig und cremig echte Geschmacksexplosionen mit einer Leichtigkeit, die einfach glücklich macht!

● Miss Pavlova, Rua do Almada, 21, 4050-036 Porto, Tel. +351 915 97 95 17
www.misspavlova.pt
● ÖPNV: Straßenbahnlinie 22, Haltestelle Praça da Liberdade

Miss Pavlova

Das verborgene Haus

73 Igreja dos Carmelitas und Igreja do Carmo

Zwei Türme – zwei Kirchen! Wenn man in der Rua do Carmo vor der Igreja dos Carmelitas und der Igreja do Carmo steht, ist man erst einmal etwas irritiert. Denn beide Kirchen sind scheinbar wie siamesische Zwillinge eng miteinander verbunden. Doch wer genauer hinsieht, erkennt, dass die beiden Kirchen durch ein schmales, kleines Haus getrennt sind. Auf der linken Seite befindet sich die 1628 erbaute Igreja dos Carmelitas. Mit ihrer schlichten Renaissancefassade aus Granit und einem Glockenturm, der mit den typischen Azulejos verziert ist, wirkt sie recht unscheinbar. Dieser Eindruck wird revidiert, sobald man ins Innere tritt. Hier folgt die Aufteilung einem klassischen lateinischen Kreuzplan mit einem einzigen Kirchenschiff und sechs weiteren Seitenkapellen. Mit viel Liebe zum Detail wurden am Hauptaltar und in den Seitenkapellen die goldverzierten Holzschnitzereien im Barock- und Rokokostil umgesetzt.

Die Igreja do Carmo ist das rechte Gebäude, das erst zwischen 1756 und 1768 im Rokokostil erbaut wurde. Das Gotteshaus, ein sehr beliebtes Fotomotiv, ist für seine einzigartige Seitenfassade aus hellblauen Kacheln bekannt. Das Bildnis, das von Silvestre Silvestri entworfen und von Carlos Branco gemalt wurde, zeigt die Gründung des Karmeliterordens auf dem Berg Kamel. Im Innern geht es mit den vergoldeten Schnitzereien am Hauptaltar und in den Seitenkapellen ähnlich glanz- und prunkvoll zu wie in der Nachbarkirche. Doch was hat es nun mit dem kleinsten Haus Portugals als „Kirchentrenner" auf sich? Die dreistöckige Casa Escondida, was übersetzt so viel wie „verborgenes Haus" bedeutet, wurde nur errichtet, weil Kirchen damals nicht aneinandergebaut werden durften. Eine andere, weit interessantere Geschichte besagt, dass das Haus als Bollwerk dienten sollte, damit es zu keinerlei Kontakt zwischen den Nonnen der Igreja dos Carmelitas und den Mönchen der Igreja do Carmo kam. Ob es half, dass sich keiner der Mönche in eine der Nonnen verguckte und sein weltliches Glück fand, ist hierbei nicht überliefert.

- Igreja dos Carmelitas und Igreja do Carmo, Rua do Carmo, 1, 4050-011 Porto
- ÖPNV: Straßenbahnlinie 18, Haltestelle Carmo

74 In der Casa São Roque die Zeit verschmelzen lassen

Vom Börsenpalast oder dem Serralves Museum liest man in jedem Reiseführer. Ein Ort, der fast nie darin auftaucht, ist die Casa São Roque. Dieser Geheimtipp ist aber auf jeden Fall einen Besuch wert. Ende des 19. Jahrhunderts erwarb es die Familie Ramos Pinto. Porto-Besuchern ist dieser Name nicht unbekannt, da man in Vila Nova de Gaia im Portwein-Viertel auf diesen Namen stoßen wird. Das Haus wurde unter der Ägide Ramos Pintos von Architekt José Marques da Silva komplett saniert und erweitert. Der Hausherr ließ ebenfalls den wundervollen Garten anlegen, der auch heute noch zu bestaunen ist.
Das Grundstück samt Anwesen erwarb die Stadt Porto schließlich im Jahr 1979. Nach einer neuerlichen Renovierungsphase wurde die Casa São Roque 2019 als neues Zentrum der Kunst wiedereröffnet. Innen hielt der Architekt João Mendes Ribeiro originalgetreu am ursprünglichen Stil fest, der vom französischen Historismus des 19. Jahrhunderts und dem belgischen Jugendstil inspiriert ist. Das Anwesen gilt als eindrucksvolles Beispiel für die typischen Häuser der Bourgeoisie und der Adligen von Porto und spiegelt deren Lebensstil wider. Das Gebäude ist von einem mehr als 4 Hektar großen Park, angelegt im 18. Jahrhundert, umgeben. Neben epochentypischen Höhlen, Lauben oder einem Irrgarten kann man von Aussichtspunkten einen fantastischen Blick auf den Douro genießen oder sich von dem Duft der über 200 Jahre alten Kamelien betören lassen.
Wo so viel Vergangenheit Spuren hinterlassen hat, kann die Gegenwart nicht weit sein. Die Casa São Roque gilt als Geheimtipp Portos für zeitgenössische Kunst. So kann man im „Zentrum für Kunst" immer wieder in wechselnden Ausstellungen Werke von unterschiedlichsten Künstlern, zum Beispiel Andy Warhol oder Jean-Luc Moulène, im besonderen Ambiente des historischen Gebäudes entdecken und feststellen, dass Gegenwart und Vergangenheit sich auffallend gut ergänzen.

- Casa São Roque, Rua São Roque da Lameira, 2092, 4350-307 Porto
www.casasroque.art
- ÖPNV: Bus 7M, 700, 800, 801, Haltestelle Fonte Velha

Klangvoller Weltschmerz

75

Fado-Abend in der Casa da Guitarra

Der vierte Sohn des portugiesischen Königs João I., „Heinrich der Seefahrer", wurde in Porto geboren. Unter ihm entdeckte Portugal in der ersten Hälfte des 15. Jahrhunderts so manche Insel. Da hieß es immer wieder Abschied nehmen. Ob daraus der melancholische Fado, aus dem lateinischen *fatum* für Schicksal, entstanden ist, ist nicht belegt. Bekannt ist jedoch, dass der Fado zuerst in den anrüchigen Kneipen der Armenviertel von Lissabon gespielt und gesungen wurde. Wer einem Fado-Konzert lauscht, so sagt man, kommt den Portugiesen näher. Denn in den meist von Frauen gesungenen Liedern dreht sich alles um Liebe, Schmerz und Verlust. Die Instrumentalbegleitung ist hierbei traditionell Männersache. So werden die Fadistas, wie die Sängerinnen und Sänger genannt werden, bereits seit den 1920er-Jahren von einer klassischen und einer portugiesischen Gitarre begleitet. Manches Mal steuert noch zusätzlich eine vierseitige Bassgitarre die tiefen Töne bei. Das nicht übersetzbare portugiesische Wort *saudade* beschreibt perfekt den Fado und jenes Lebensgefühl, das die Portugiesen miteinander verbindet. Es steht für Glück und Trauer zugleich bis hin zu Weltschmerz und Melancholie. Trotzdem ist dieses Gefühl auch tiefgreifend romantisch und speist sich oft aus einer schönen Erinnerung und einem drängenden Verlangen. Damit der Fado der Nachwelt erhalten bleibt, gehört er seit 2011 zum immateriellen Weltkulturerbe der UNESCO. Auch wenn Lissabon eigentlich als „Stadt des Fados" gilt, kann man in Porto ebenfalls erstklassige Konzerte erleben. Ein besonderer Ort ist zum Beispiel die Casa da Guitarra. Tagsüber ein Gitarrengeschäft, verwandelt es sich am Abend und in der Nacht zum Konzertsaal. Hier treten neben traditionellen Fadistas auch jüngere Fado-Sängerinnen auf, die den Fado sanft entstauben. Mit modernen Textversionen und Musikstil-Fusionen versuchen sie, nicht nur Portugals Jugend für das meist Gänsehaut verursachende portugiesische Musikgenre zu begeistern. Neben einem Sitzplatz und einem Gläschen Portwein bekommt man einen tiefen Einblick in die Seele Portugals serviert.

TIPP

Die Konzerte sind recht schnell ausgebucht, daher am besten frühzeitig online Tickets sichern.

- Casa da Guitarra, Avenida Vímara Peres, 49, 4000-545 Porto, Tel. +351 222 01 00 33
- ÖPNV: Bus 10M, 11M, 207, 303, 400, Haltestelle Largo Primeiro de Dezembro, etwa 200 Meter zu Fuß

Seitenwechsel mit Panorama

76 Vila Nova de Gaia auf der anderen Douro-Seite

Nach Porto reisen und auf der anderen Flussseite aufwachen, das ist doch totaler Nonsens. Nein, eben nicht. Nichts kann schöner sein, als mit dem Blick auf Douro und Stadt wach zu werden. Gemächlich schaukeln die kleinen Rabelo-Holzboote, die früher die Portweinfässer transportierten, auf dem Wasser von grau-weißen Möwen begleitet. Die bunten Häuschen schmiegen sich am gegenüberliegenden Ufer an die Hügel der Ribeira und wenn der Blick weiterschweift, bleibt er unweigerlich an der gewaltigen Bogenbrücke Ponte Dom Luís I. hängen. Wer also Portos traumhafte Postkartenmotive einmal ganz genauso erleben möchte, der muss zum Beispiel im 1790 gegründeten „House of Sandemann", einem der ältesten Portwein-Häuser von Vila Nova de Gaia, nächtigen.

Doch auch Gaia, wie Einheimische die Stadt übrigens kurz und bündig nennen, kann es in Sachen Atmosphäre und Sehenswürdigkeiten mit Porto aufnehmen. In den kleinen Gassen im Stadtzentrum kann man die unzähligen Portweinkellereien entdecken, durch die der Ort bereits im 18. Jahrhundert wirtschaftlichen Aufschwung erfuhr. So bietet beispielsweise das 1859 gegründete Portwein-Haus Cálem ein besonderes Erlebnis an. Man kann neben einer klassischen Kellerführung samt Verkostung auch noch ein Fado-Konzert zwischen den uralten Portweinfässern erleben. Sicher eine großartige Erfahrung, wenn in den Gewölben die Stimme der Sängerin widerhallt. Der Unternehmensgründer hat im Übrigen sein Geld und Glück mit der Verschiffung von Portwein nach Brasilien gemacht. Von vielen seiner Konkurrenten zunächst nur milde belächelt, gab ihm der Erfolg jedoch recht und er konnte eine eigene komplette Schiffsflotte aufbauen, die sein Produkt in alle Welt brachte. Seitdem schmückt eine mit Portweinfässern beladene Karavelle jede Flasche der Marke Cálem. Wem es weniger nach Portwein, Fässern oder Fado ist, der kann auch einfach genussvoll über den Cais de Gaia am Douro-Ufer schlendern, um in einem der Restaurants einzukehren.

- Cais de Gaia und Vila Nova de Gaia, 4400-000 Vila Nova de Gaia
- ÖPNV: Bus 900G, Haltestelle Ponte Luís I.

DISTINTO

Hüftgold

77 Frisch Gebackenes in der Confeitaria do Bolhão

Im Herzen von Porto, direkt in der Nähe des Mercado do Bolhão, hat sich seit der Eröffnung im Jahre 1896 zum Glück nicht viel in der Confeitaria do Bolhão verändert. Nicht nur Süßwaren, wie man vom übersetzten Namen schließen könnte, gibt es in dieser klassischen Bäckerei, auch wenn beim Betreten genau diese in Form von Kuchen, Torten und Gebäck verführerisch grüßen. In den Gründerjahren kamen eher die wohlhabenden Portuenser zum Frühstück, bevor sie auf dem nahen Markt ihre Einkäufe tätigten. Heute kann sich hier jeder eine der süßen Köstlichkeiten leisten und diese mit nach Hause nehmen oder im angeschlossenen Café genussvoll verspeisen.
Das Innere des Ladens und des Cafés wurde nach dem Verkauf 1998 von den heutigen Eigentümern liebevoll renoviert. So gelang es den Innenarchitekten, nahezu den Originalzustand mit Spiegeln an den Wänden und den in Originalfarben restaurierten Gemälden wiederherzustellen. Auch von außen ist das Gebäude ein schönes Beispiel für die Architektur der zweiten Hälfte des 19. Jahrhunderts. Genauso traditionsbewusst werden in der Backstube für die Stadt und Region bekannte Produkte hergestellt. Dabei hält sich die Manufaktur strikt an die Originalrezepte aus dem 19. Jahrhundert. Welch Bäckerglück, dass diese auch so lückenlos überliefert sind und die Ergebnisse die Esser noch heute glücklich machen. Mit Leidenschaft wird in der Confeitaria täglich alles frisch gebacken – ob es nun das traditionelle Regueifa, ein ringförmiges Brot aus feinem Mehl, und der traditionsreiche Königskuchen, Bolo rei, sind oder eben kleine, süße Kostbarkeiten, wie ein Jesuítas, ein großes, dreieckiges Teilchen mit Sahne und Mandeln, ein Glórias oder ein Pastel de Nata, das berühmte, mit Pudding gefüllte und knusprig gebackene Blätterteigtörtchen. So hat man hier die Qual der Wahl und kann den Bäcker glücklich machen, wenn man einfach mit Leidenschaft von jedem eins probiert.

- Confeitaria do Bolhão, Rua Formosa, 339, 4000-049 Porto
www.confeitariadobolhao.com
- ÖPNV: Bus 7M, 8M, Haltestelle Mercado do Bolhão, etwa 100 Meter zu Fuß

Fatiamos o seu Pão

Verwunschenes Grün

78 Der alte botanische Garten auf dem Uni-Gelände

Der Portwein machte manche Menschen in dieser Stadt so unfassbar reich, dass man bereits an ihren Anwesen ahnen konnte, wie wohlhabend sie wirklich waren. Dies galt auch für João Henrique Andresen, der eine circa 4 Hektar große Parkanlage, einen Ziergarten und einen klassizistischen Palast aus dem 19. Jahrhundert erbauen ließ. 1949 erwarb der portugiesische Staat das Gesamtensemble und richtete dort einen botanischen Garten für die Universität von Porto ein, der schließlich 1951 eröffnet wurde. Zusätzlich wurden weitere angrenzende Gartenflächen erworben und durch Professor Américo Pires de Lima in Zusammenarbeit mit dem Deutschen Franz Koepp so gestaltet, dass unter anderem kleine Gärten, Seen und Gewächshäuser entstanden. Außerdem konnte die Installation einer halbautomatischen Sprinkleranlage zur optimalen Bewässerung realisiert werden. Doch der botanische Garten zerfiel aus unterschiedlichen Gründen zusehends und wurde schließlich 1981 für die Öffentlichkeit geschlossen.

TIPP

Jeden Dezember verwandelt buntes Lichtdesign den botanischen Garten in einen „Magical Garden".

In den kommenden Jahren wurden Renovierungen und Neugestaltungen vorgenommen, um die Infrastruktur mit neuen Wegen und Gebäuden sowie die Renaturierung der Flora wiederherzustellen. 2010 war es dann endlich so weit und Portos botanischer Garten eröffnete wieder. Auf einer Fläche von 4 Hektar gliedert sich der historische Garten in drei Teile, die durch Hecken getrennt sind. Neben einem formellen Garten, der geometrisch angelegt ist, direkt um die Casa Andresen, gibt es einen Bereich mit verschiedenen Gewächshäusern für Tropenpflanzen, Kakteen und Orchideen sowie im letzten Abschnitt ein Arboretum, eine Sammlung von unterschiedlichen Bäumen, und mehrere Seen.

Trotz der Neugestaltung hat der botanischen Garten seinen ursprünglichen Charme aus dem 19. Jahrhundert bewahrt. Das spürt man förmlich, wenn man die teilweise jahrhundertealten Bäumen betrachtet. Ein fast verwunschener Ort, an den sich außer ein paar Studierenden nur wenige Menschen verirren. Welch ein Glück für hoffnungslose Romantiker!

● Jardim Botânico, Rua do Campo Alegre, 1191, 4150-181 Porto
www.jardimbotanico.up.pt

● ÖPNV: Bus 1M, 200, 204, 207, 504, Haltestelle Jardim Botânico

Magisches Licht

79

Am Praia da Luz die Seele baumeln lassen

Gibt es etwas Romantischeres, als einen Sonnenuntergang mit dem liebsten Menschen zu genießen? Ja, gibt es. Den Sonnenuntergang mit dem liebsten Menschen am Meer genießen. Die Sonne im Atlantik untergehen zu sehen, den vielleicht wilden Wellen zu lauschen und dabei die Gedanken schweifen zu lassen. Genau diese glücksbringende Kombination gibt es gerade mal 20 Minuten von der Innenstadt entfernt und mit der Buslinie 500 hervorragend zu erreichen in Foz do Douro am Strand Praia da Luz. Wohlgemerkt muss es nicht nur der Sonnenuntergang sein, denn auch tagsüber herrscht hier ein zauberhaftes Licht, wenn die Sonne auf dem Atlantischen Ozean glitzert und flirrt. Klar, noch traumhafter ist es, aufs Meer zu blicken, wenn die blaue Stunde zur abendlichen Dämmerung einsetzt und für eine besondere Stimmung am Himmel sorgt. Der Himmel verfärbt sich nach und nach, seine blauen und roten Töne spiegeln sich im stoisch wogenden Ozean und mischen sich zu einem prachtvollen Violett.

TIPP
Unbedingt die weiße Sangria probieren!

Egal wann, egal wie und egal wer, am Praia da Luz kann man jedenfalls direkt am Atlantik die Seele baumeln lassen und den Sand unter den Füßen spüren oder sich im gleichnamigen Restaurant und in der Strandbar gemütlich auf der weitläufigen Holzveranda in coole weiße und bequeme Stühle fallen lassen. Von hier hat man einen herrlichen Ausblick aufs Meer und kann sich bei einem Getränk vom Himmel und dem Licht verzaubern lassen. In lauen Sommernächten sorgen die chilligen Party-Vibes vom DJ für die entsprechende Seelenlage. Dann steht dem romantischen Urlaubsabend so gar nichts mehr im Wege und alle werden glücklich. Doch Vorsicht, das Glück nicht zu sehr strapazieren! Nicht bis zum letzten Abend warten. Denn sollte einem dann das Wetter einen Strich durch die Romantik-Rechnung machen, wäre das mehr als ärgerlich. Denn dann würde man nur die Sonnenuntergänge mitbekommen, die niemand mag, und das sind die verpassten.

● Restaurante Praia da Luz, Rua Coronel Raúl Peres, 4150-155 Porto
● ÖPNV: Bus 1M, 500, Haltestelle Praia da Luz

Say „Cheeeese“!

80 Die Queijaria Amaral – Portos ältester Käseladen

Alles dreht sich in der Queijaria Amaral um Käse. Sobald man in dem im Jahr 1928 eröffneten Geschäft steht, nimmt man dies zumindest bereits mit zwei der fünf Sinne wahr. Die Augen erblicken und die Nase erschnuppert über 50 verschiedene Käsesorten, die es im historischen Laden zu kaufen gibt. Das zaubert Käse-Fans ein Lächeln ins Gesicht. Hier sind fast alle in Portugal produzierten Käsesorten an einem Ort vereint. Den Schwerpunkt bildet dabei jedoch die Serra da Estrela. Das „Stern-Gebirge“, so sein übersetzter Name, ist mit bis zu 1993 Meter Höhe das höchste Gebirge des portugiesischen Festlandes und beherbergt das einzige Skigebiet Portugals. Genau dort wird der schmackhafte Queijo da Serra Estrela aus Schafsmilch erzeugt. Die Milch darf hierbei traditionell ausschließlich von zwei bestimmten Schafsrassen stammen und der Käse wird nach einem festgelegten Verfahren nur in der Serra Estrela hergestellt. Aus diesem Grund erhält der Käse, der hauptsächlich in den Wintermonaten produziert wird, den Zusatz „DOP“, was der geschützten Herkunftsbezeichnung nach EU-Recht entspricht. Das Besondere an diesem Käse ist, dass er zwei unterschiedliche Aggregatzustände annehmen kann. Innen ist der Queijo da Serra, wie man ihn auch nennt, ohne Weiterbehandlung cremig-dickflüssig. Sobald er jedoch in den Kühlschrank geschoben wird, wird er fest. Gleiches geschieht bei einer speziellen Behandlungsmethode mit ihm. Die Portugiesen lieben ihn allerdings am liebsten weich und sahnig. Um den Queijo so zu verspeisen, öffnet man den oberen Teil der Rinde mit einem Messer und löffelt den käsigen Inhalt heraus. Für Käseliebhaber ein reines Löffel-Glück!
Wer keinen Käse mag, sollte trotzdem der Queijaria Amaral nicht die kalte Schulter zeigen. Es gibt hier auch eine kleine, aber feine Auswahl an Aufschnitt, Schinken, Wurst und Räucherprodukten aus allen Regionen des Landes. Das Grandiose dabei: Man kann sich kleine Platten zusammenstellen lassen und vor Ort gleich verzehren. Wer da nicht seine drei restlichen Sinne bemühen möchte, dem ist wahrlich nicht zu helfen.

- Queijaria Amaral, Rua de Santo Ildefonso, 190, 4000-465 Porto
- ÖPNV: Bus 302, Haltestelle Coliseu do Porto

PRISCA

In Gedenken an meinen Tio,
der mir das Land, die Leute und die
Lebensart Portugals näherbrachte.

Bibliografische Informationen der Deutschen Nationalbibliothek
Die Deutsche Nationalbibliothek verzeichnet diese Publikation in der Deutschen Nationalbibliografie; detaillierte bibliografische Daten sind im Internet über http://dnb.d-nb.de abrufbar.

Konzeption/Satz: Droste Verlag, Düsseldorf
Einbandgestaltung und Illustrationen: Britta Rungwerth, Düsseldorf, unter Verwendung von Bildern von © Fotolia.com: jd - photodesign.de; © iStock: Plociennik Robert
Fotos: Johannes & Bettina Quirin, außer:
S. 19: www.stock.adobe.com/Matyas Rehak; S. 23: www.stock.adobe.com/Clare; S. 43: Serralves Museum of Contemporary Art & Park, Fundação de Serralves, Porto (Portugal) / Fernando Guerra; S. 95: Maus Hábitos - Espaço de Intervenção Cultural; S. 107: www.stock.adobe.com/Renato Martinho
Textlektorat: Brigitte Lotz, Essen

FSC www.fsc.org
MIX
Papier aus verantwortungsvollen Quellen
FSC® C011279

Druck und Bindung: LUC GmbH, Greven
ISBN 978-3-7700-2427-8

www.droste-verlag.de